괜찮아,
우리에겐 아직 마지막 카드가 있어

마인드큐브(Mindcube) :

책은 지은이와 만든이와 읽는이가 함께 이루는 정신의 공간입니다.

괜찮아,
우리에겐 아직 마지막 카드가 있어

이경걸. 지음   이하연. 그림

Mindcube

그 림 이 하 연 (딸)

동 국 대 학 교 예 술 대 학 영 화 영 상 학 과 2 학 년 재 학

이 책은 삶의 치열한 현장에서 잠깐 휴가 나와
'나'와 '가족'을 찾아 떠난 모험 이야기이며,
정체성을 정의할 수 없는 이 시대 오십대 아빠가 쓴
가족여행기 이다.

머리말

우리의 갑작스런 유럽 가족여행 결정은 사실 전혀 갑작스런 결정은 아니었다. 여행을 좋아하는 자유로운 영혼으로 살고 싶었지만 뜻대로 살지 못했던 신혼(?) 부부는 20여 년 전 어느날 겁 없는 약속을 했다.

"우리, 이담에 애들이 대학 갈 쯤엔, 하던 일 딱 멈추고 일년 간 세계여행 하자."
"좋아. 부자가 될 턱이 없는 우리가 아이들에게 줄 수 있는 값진 유산이 될 거야."

그 약속에 따라 두 딸을 모두 한 해 일찍 초등학교에 입학시켰다. 그런데 어느새 두 딸아이가 모두 대학에 입학한 바로 그때가 되었는데, 나는 그 약속을 지킬 수 없었다. 직장 사정상 도저히 그럴 용기를 낼 수 없었던 거다. 부양가족이 다섯이고, 무급 휴직 제도가 없는 회사에 다니고 있던 나는 퇴직을 감행할 용기를 낼 수가 없었다. 그러던 차에 큰딸 소연이가 스페인에 교환학생으로 가게 되었다. 교환학생으로 갈 적에 아빠인 나는 아무런 경제적 지원도 해줄 수 없었다. 비행기 표도 딸이 아르바이트 해서 샀다. 스페인에서 지낼 곳도 딸이 마련했다. 더부살이 할 집을 스스로 찾았던 거다. 그저 대견해 할 밖에. 그런 이유로 딸이 귀국하기 전에 스페인 여행을 꼭 다녀오자고, 20년 전 약속에 대면 사뭇 초라한 새로운 약속을 했다. 빚을 내서라도 스페인에 가서 딸을 거두어준 고마운 은인들을 뵙고 감사 인사와 선물도 전하고 싶었다. 물론 겸사겸사 스페인 북부와 프랑스 남부, 포르투갈을 여행하자는 계획이기도 했다. 딸아이가 내 신용카드로 스무 박 숙소를 대부분 민박으로 예약해놓아서 그 일정표대로 따라가는 렌터카 여행이었다. 그렇게 보면 오랜 시간 우리 가족이 꿈꾸어왔던 여행이었던 셈인데, 그러나 이 여행은 처음부터 평탄치 않았다.

　20년 전 약속에 비하면 너무나 초라한 새로운 약속이었지만, 그 별것 아닌 약속을 지키는 것도 쉽지 않았다. 새로운 약속을 하자마자 스스로 약속을 강제하기 위해 비행기 표부터 샀다. 일찍 표를 구하면 싸기도 했지만, 그보다는 '티켓 값이 아까워서라도 꼭 여행을 가게 되겠지' 하고 배수진을 쳤던 거다. 그래서 2월 초에 왕복 60만 원이라는 저렴한 금액으로 표를 샀다. 하지만 왜 불길한 예측은 늘 맞는지……. 하필이면 6월 말에 직장에 큰 위기가 닥쳤다. 직장 대표는 '예외 없는 특근과 비상근무'를 선포했다. '이 판국'은 아무리 노동법이 보장한 개인 연월차 휴가라 해도 회사 입장에서 우리가족 유럽 여행을 허락하는 것은 말이 되지 않는 '판국'이었다. 20일 유럽 가족여행을 가겠다는 계획을 듣더니, 나를 좋아하는 직장 동료들은 모두 내 책상을 걱정했고, 나를 싫어하는 동료들은 '멋진 계획'이라고 했다. 결국 나는 유럽 출발 나흘 전 휴가 결재를 받았다. 결재판에는 휴가원을, 외투 안주머니에는 하얀 봉투의 사표를 넣어가지고 결재를 받으러 갔다. 참으로 다행하게도, 그리고 감사하게도, 사표를 내보일 일은 발생하지 않았다. 대신 추석 상여금을 나만 혼자 못 받을 것쯤은 내가 감당해야 할 상처였다. 내가 여행하는 동안 야근과 철야를 밥 먹듯 할 동료들을 생각하면, 그 정도는 당연히 감수해야 했다. 그러나 그 열 배 스무 배의 데미지를 유럽에서 겪었고, 그 험난했던 고난을 웃어가며 극복한 우리 가족 입장에서 본다면, 그 정도 데미지는 껌이었다.

여행 첫날 마드리드에서 막내 하연이가 휴대폰을 도난당했다. 흰티를 입은 말짱하게 생긴 청년이 무슨 서명인가를 받는다고 얼쩡거리더니 서명지와 함께 테이블 위에 놓여 있던 신형 휴대폰을 슬쩍 집어간 것이다. 그렇게 흰티는 우리 가족을 눈뜬장님으로 만들어버렸다. 그것이 예고편이었다. 여행 둘쩻날엔 가족들의 여권과 귀중품을 한데 넣어둔 가방을 도난당했다. 도둑녀석은 공영주차장에 주차해놓은 렌터카의 옆유리를 과감히 부수고 가방을 훔쳐갔다. 그리고 이를 신고하러 스페인 경찰서로 간 딸은 불법체류자로 붙들릴 위기를 겪었다. 현금을 다 털린 빈털터리가 되어 여권도 없이 프랑스와 포르투갈로 3개국 여행을 다니던 우리는 렌트한 폭스바겐 차량의 엔진을 혼유(混油)로 망가뜨리고 프랑스 고속도로에서 견인됐다. 귀국 직전 마드리드 공항에서는 하마터면 비행기를 놓치는 건 아닌지 마음을 심히 졸여야 했다. 그 짧은 시간 동안 우리가 겪은 말도 안 되는 사건들은 초보 여행자들이 '아주 재수 없으면 겪을 수 있는' 온갖 사건사고의 종합세트와도 같았다.

물론 우리 여행이 사건사고로만 점철된 건 아니었다. 가정집 위주로 민박을 예약한 덕분에 유럽 가정집의 진솔한 내면을 경험했다. 패키지여행이라면 불가능했을 스페인 북부 최고의 협곡 트래킹도 만끽할 수 있었다. 마침 월드컵 기간이었으므로 독일, 스웨덴, 멕시코인들이 밀집해 있는 스포츠카페에서 독일의 코를 납작하게 해준 유쾌한 경험도 했다. 무료로 여행자들에게 숙소를 제공하는 카우치 서핑을 통해, '소유욕'에 결박당해 살아온 우리 자신을 돌아볼 기회도 가질 수 있었다. 무엇보다도 스페인에서 우리를 가족으로 맞아준 이케르네 식구들과 반가운 만남도 가졌다. 여느 여행자들처럼 우리 가족도 화려하고 감성 넘치는 유럽의 성당과 관광지를 둘러보았다. 그러나 사실 그런 관광지에서 우리가 본 건, 멋진 성당과 이국의 아름다운 풍광보다는 우리 가족과 나 자신의 진솔한 모습이었다. 여행은 나와 우리 가족의 알몸을 적나라하게 거울에 비추어 보여주었다.

여행 안에는 인생을 살면서 겪게 되는 희노애락이 압축적으로 들어 있었다. 어찌 보면 우리가 여행을 하는 이유는 인생을 미리 연습할 수 없기 때문이리라.

어설픈 이 여행기에 기억과 자료를 알뜰히 보태준 아내와 소연이에게 감사한다. 소연이는 이 여행을 사실상 이끌었던 리더였으며, 아빠의 이 여행후기를 뿌리치지 않고 여러 번 고쳐주었다. 그리고 멋진 삽화를 그려준 막내 하연이에게 세상 누구한테보다도 더 특별한 하트를 날린다(빨리 그려주지 않아, 어지간히 애를 태우며 받아낸 삽화라는 사실은 꼭 밝혀야겠다). 그리고 별것 아닌 여행기를 풀어놓으라고 '우리동네 톡투유'를 열어준 거창군 이웃 주민들께 다시 한번 감사드린다.

이번 여행을 통해 내가 얻은 결론이 있다. '집 떠나면 개고생이다. 그러나 개고생을 해도 가족과 함께 하면 대행복하다.'

이상한 나라의 가족, 스페인에서 길을 찾다

괜찮아,
우리에겐 아직 마지막 카드가 있어

차례

마드리드의 심장, 프라도 미술관

느긋한 아침을 보내고, 햇볕 화사한 마드리드 거리로 우리는 나섰다. 어젯밤 늦게 숙소에 들었기에, 단잠이 필요했다. 유월 햇볕은 벌써 따가워, 우리는 모자와 선글라스를 착용했다. 당연히 선크림도 발랐다. 그러나 이런 유난을 떠는 건 대개 관광객뿐이었다. 스페인인들은 햇볕을 즐겼고, 모자를 쓴 사람도 몇 없었다. 자외선을 겁내는 건 대개 동양인들이었다. 한국을 찾는 외국인들을 보면 전혀 관광할 만하지 않은 건물 앞에서 포즈 잡고 셀카 찍고, 무슨 대단한 유적지라도 발견한 듯한 얼굴을 하고서 의견을 나누고 있는 촌스러움을 보곤 했는데, 스페인에서 바로 우리가 그랬다. 멋진 건물을 보며 감탄하고 사진을 찍고 궁금해서 물어보면, 그냥 지역 공공 오피스 건물이랬다. 두 딸은 그게 우스워 또 까르르 비눗방울 터지듯 웃어댔다. 아무튼 즐거웠다. 햇볕도, 나무도, 차도, 심지어 지나가는 개도, 모두 스페인의 풍광 아닌가.

마드리드에서 딱 하루만 짧게 관광을 해야 한다면 당연히 프라도 미술관에 가는 게 우선이었다. 스페인에 오기 전부터 아내와 막내는 '반드시'라고 미술관 관람을 요구했다. 우리 가족의 가이드 역할을 맡은 소연이도 '당연히 마드리드에 가면 프라도 미술관을 봐야 하고, 자신이 켈리 언니에게서 여러 번 교육을 받았으니 어지간한 작품 해설이 가능하다'고 프라도 미술관 관람을 추천했다(켈리 언니는 소연이가 바스크 지방으로 가기 전 마드리드에 머물게 되었을 때 아르바이트 삼아 잠깐 일을 도왔던 프리랜서 사진작가였다). 미술관은 숙소에서 다소 멀지만 걸어갈 수 있는 위치였으므로, 우리는 마드리드 시내를 구경하며 걸어서 미술관으로 가기로 했다. 어차피 우리가 지난밤에 빌린 렌터카 '이비자'도 10킬로미터나 떨어진 도심 외곽 무료 주차장에 있었다.

위에서 잠깐 말했듯이, 지난밤 우리는 한밤중에 숙소에 도착했다. 숙소는 마드리드 시내 한 가운데, 좁고도 복잡한 일방통행로 길에 있었다. 한국에서는 호텔이든 민박이든 숙박지를 정하면 주차는 숙박지에서 알아서 마련해주는 게 관례지만, 유럽은 그런 경우가 드물었다. 민박집들의 경우 주차장이 별도로 제공되지 않는 경우가 많아 별도로 유료주차장을 이용해야 했는데, 주차비가 여간 비싸지 않았다. 비상깜박이를 켜고 골목 갓길에 잠시 동안은 차를 세울 수 있었다. 세 모녀가 저마다 맡은 가방을 챙기고, 나는 쌀과 부식 등이 들어 있는 가장 크고 무거운 트렁크와 배낭을 안고 메고 빠르게 짐을 올려놓고 차로 돌아와야 했다. 비상깜박이를 켜놓았지만 단속에 걸릴 수도 있을 것 같았기 때문. 그러나 급한 마음과 달리 상황은 비우호적이었다. 유럽의 오래된 건물에는 대부분 엘리베이터가 없다는 걸 직접 보고서야 이해했다. 오래된 건물의 나선형 나무계단은 한국의 건물 계단 수의 두 배는 많아 보였다. 오래된 건물들이라 그런지 층고가 높아, 5층 건물이 한국의 7층 건물쯤 되는 것 같았다. 호기롭게 올라가던 나는 3층도 못가서 주저앉고 싶어졌다.

'아이고, 힘들다. 애들 보는데 내려놓을 수도 없고…… 등짐이 20킬로,

트렁크가 20킬로, 합이 40킬로네. 20년 전엔 80킬로도 가뿐히 들고 올랐었는데……'

그랬다. 큰아이 소연이가 제 엄마 뱃속에 있을 때, 나는 부천 중동에서 신혼살림을 꾸리고 있었다. 학원강사를 그만 두고 몇 달간 지입차를 몰면서 쌀장사를 했다. 당시만 해도 몸도 좋고 깡다구가 있던 때라, 양 어깨에 20킬로 쌀 두 포대씩 도합 네 포대를 메고 5층 연립맨션 계단을 그냥 뛰어오르곤 했었다. 내 체중보다 무거운 짐을 들고 뛰어다녔던 그 시절, 지금 생각해보면 오십 평생 중 가장 가난했지만 그림같이 행복했던 시절, 평생 걸은 계단보다 많은 계단을 올랐던 그 시절은 가고, 오호애재라! 이제 40킬로 짐에도 심장이 헐떡거리고 욕조에 물 넘치듯 처절히 땀에 젖는 오십대가 된 것이다.

간신히 짐을 내려놓고 차로 돌아와 소연이와 함께 저렴한 공영주차장을 찾아 낯선 도심을 헤맸다. 그러나 아무리 돌고 돌아도 빈자리가 없었다. 10분 넘게 차를 타고 헤매던 중, 신호대기하고 있던 택시 옆에 서게 됐다. 넉살좋은 소연이가 차창을 내리고 택시기사에게 물었다. "주차비 저렴한 빈자리를 찾고 있다, 어디로 가면 좋겠냐?" 택시기사는 잠깐 생각하더니 자길 따라오라고 했다. 반가운 마음에 택시를 따라갔는데, 가까운 주차장으로 안내하는 게 아니라 10분쯤을 계속 주행하는 거였다. 나와 소연이는 생각이 복잡해졌다.

"아빠, 어째 불안해. 왜 자꾸만 가지?"

"이게 친절한 상황이야, 아니면 낚인 상황이야?"

"택시비 왕창 부르는 거 아닌지 모르겠네?"

"뭐 달라면 적당히 줘야지만…… 대체 어디까지 가는 거야?"

한참을 이리저리 돌더니 택시는 깜박이를 켜고 섰다. 그리고는 손짓으로 우리한테 주차할 곳을 말해줬다. 우리는 그곳에 주차를 하고 그 택시를 타고 숙소로 돌아왔다. 돌아오는 길에 기사에게 들어보니, 자기가 안내한 곳은 무료주차장이고 기차역에서 가까우니 나중에 차 찾으러 갈 때도 기차역 통해서 가기 편한 곳이랬다. 숙소에 내리면서 택시비를 계산했는데, 기사는 미터요금에서 크게 벗어나지 않은 10유로만 내라고 했다. 다행히 우리가 스페인에 와서 처음 도움을 청한 사람이 친절한 사람으로 확인됐다.

미술관 가는 길에 마드리드에서 가장 크고 역사가 오래된 부엔레티로(Buen Retiro) 공원이 있다는 걸 알았다. 자유여행이 패키지여행보다 신경 쓰이고 피곤하긴 해도 더 좋은 점이 있다면 이런 게 아닐까. 일정 중 느닷없이 끼어드는 새로운 일정은 더 놀랍고 재밌고 스릴 있다. 무엇이 있을까. 무엇을 보게 될까. 어떤 일을 겪을까. 사전지식도 없고 예상치 못한 만큼 호기심과 흥분도 배가된다. 마드리드 도심 한가운데 있는 공원이라는 점을 감안하면 부엔레티로 공원은 둘레가 4킬로미터나 되는 큰 공원이었다. 이 공원은 원래 스페인 최대 번영기를 이끈 펠리페 2세가 두 번째 아내였던 영국의 튜더 메리 여왕을 위해 지은 부엔레티로 별궁의 정원이었다고 한다. 지금까지 남아 있는 두 개의 큰 건물 외에도 많은 건물들이 있었는데 나머지 별궁 건물들은 나폴레옹 전쟁 때 거의 다 파괴되었단다. 이 정원은 당연히 과거에는 왕실 사람만 이용 가능했는데 19세기 중반부터 일반에게 공개되었다고 한다. 일요일이면 가족 나들이 장소로 인기가 많을 것 같았다. 공원 한가운데는 예쁜 호수도 있었다. 백조와 오리, 회색 기러기, 특히 대가족을 이루고 있는 자라들이 한가롭게 떠다녔다. 호수 옆으로 마리아노 벤이우레의 작품인 〈알폰소 12세의 기마상〉과 벤투라 로드리게스 작품인 〈알카초파 분수〉가 있었다. 공원 안에는 두 개의 대형 전시장이 있었다. 하나는 1883년 광물 전시회를 위해 지어진 벨라스케스 궁전이었고, 또하나는 1887년 필리핀에서 공수한 이국적인 식물들을 키우기 위해 철골구조와 유리로 지어진 수정궁이었다.

공원에는 나이가 수백 살 넘어 보이는 나무들이 많았다. 무려 1만5천 그루가 넘는 나무들이 마드리드 시내에 산소를 공급해준다 해서, 공원은 '마드리드의 허파'라고 불린단다. 우리 식구는 나무 밑 잔디밭에 앉아 쉬어가기로 했다. 나무그늘을 돗자리 삼아 모자로 얼굴을 덮고 누웠다. 나를 따라 막내가 내 팔을 베고 누웠다. 잔디 풀들이 귓불을 간지럽혔다. 이 나무 저 나무 옮겨다니는 새들이 '너희들 어디서 왔니' 물었다. 우리는 궁금하라고 대답을 해주지 않았다. 바람이 한 자락 불어 나뭇잎들을 춤추게 하고, 그 사이사이로 햇볕 조각들이 떨어져내렸다. 언제 꺼내들었는지 소연이가 플루트를 불었다. 푸른 하늘과 키 큰 나무, 이국의 바람이 머리칼을 간지럽히는 사이로 〈타이타닉〉 주제곡이 흘렀다. 아빠의 최애곡이라고 소연이가 특별히 마음을 써주는 거였다. 우리는 잠시 프라도 미술관을 잊은 채, 빙산에 갇힌 타이타닉호 선상에서 흐르던 악곡에 흠뻑 빠져버렸다.

나는 음악에 대한 재능이 평균 이하인 사람이다. 그래서, 아는 노래도 아닌데 오선지 위에 있는 콩나물만 보고 박자와 음을 맞춰내는 사람들을 보면 나도 모르게 신비감과 존경심에 젖는다. 당연히 다룰 줄 아는 악기가 하나도 없다. 노래방에 가면 박자가 엉망이다. 고맙게도 나 같은 박치를 위해 노래방 기계는 '3, 2, 1' 하며 타이밍을 재준다. 나만을 위해 그런 친절을 베푸는 건 아닐 테니, 아마 나 같은 사람이 또 있는 모양이다. 어찌됐든, 내게는 없고 남에게 부러운 첫 번째 재능이 음악이다. 그래서 그랬을 거다, 대학 4학년 때 그녀가 기타를 치며 양희은의 〈찬비〉를 부르지 않았다면 지금의 두 딸은 태어나지 않았을지도 모른다. 두 딸이 감사해야 할 대상이 양희은인지 기타인지는 모르겠다. 아무튼 아내는 내 가슴에 쐐기를 박으려 했는지 '보라성'이라는 노래동아리에 들어가 보컬로 활동하기까지 했다. 고난을 상징하는 '보라'와 소리를 뜻하는 '성'이 합해진 이름의 보라성은 운동권 노래동아리였다. 아내는 1학년 막내였지만 노래를 잘 해서 보컬로 활약했다. 당시 80년대 대학가 운동권 집회에서는 반드시 문화공연이 있었고, 문화공연 때는 심금을 울리는 노래들이 불리곤 했다. 오월 광주나 지리산, 4.3 제주도를 의미하는 한라산 등이 노래의 주된 소재였다.

그때 수많은 군중 앞에서, 흰색 블라우스에 진남색 조끼를 걸치고 발갛게 상기된 얼굴로 〈잠들지 않는 남도 한라산〉을 외쳐 부르던 여대생이, 오십을 목전에 둔 아줌마가 되어, 스페인의 한적하고 아름다운 공원에 누운 채, 덫에 걸린 남자의 딸이 연주하는 플루트 소리를 바람결에 듣고 있었다. 음악을 좋아하면서도 음악을 겁내고 경외하던 나는 아이들에게 공부 과외를 시키지는 않았지만 음악 과외는 시켰다. 어린 시절 소연이는 플루트 과외를 받았고, 하연이는 바이올린과 피아노를 배웠다. 그 결과가, 경남 거창군에 있는 우리 집에서 이따금씩 열리는 작은 음악회다. 주로 명절 때지만, 가끔 아이들이 서울서 내려오면 하연이가 피아노를 치고 소연이가 플루트를 불고 아내가 노래를 부르고, 나는 박수를 쳤다. 그러다 흥이 오르면 하연이는 춤도 추었다. 시골이라서 한밤에 음악회를 열어도 시끄럽다고 항의할 사람은 내가 아는 한 없었다. 그 순간이 내겐 지극한 사치이자 행복이었다. 내 인생에 그런 순간이 앞으로 열 번 올지 스무 번 올지는 모른다. 그러나 그것이, 내가 가장으로서 가족을 지키며 살아온 내 인생에 대한 가장 큰 보상 중 하나다.

내부로 들어가 하늘을 올려다본 수정궁은 비현실적인 아름다움을 뽐냈다. 수없이 많은 유리판이 건물 전체를 이루고 있었다. 햇볕은 천장 유리판을 수직으로 관통하지 않고 유리판과 유리판 사이를 뛰어다녔다. 유리판을 고정시키는 틀조차도 청동으로 만든 예술작품 같았다. 수정궁 안으로 마치 워터파크에서나 볼 수 있는 미끄럼틀 같은 구조물이 군데군데 수직으로 설치돼 있었는데 그조차도 모두 유리로 만들어져 있었고, 어떤 기능을 한다기보다는 상징적 의미를 전달하는 설치미술 장치로 쓰였다. 팸플릿에 쓰인 설명을 보니 '소통 부재로 갑갑해하는 현대인에게 소통의 필요성을 알리는 작품'이라고 했다. 아직 뜨겁기 전인 아침나절인데도 전체가 유리로 만들어진 수정궁은 많이 더웠다. 뜻밖에 만난 예쁜 공원의 매력에 빠져 상당한 시간을 지체한 우리는 아쉬움을 뒤로 하고 서둘러 프라도 미술관으로 발길을 돌렸다. 공원에서 10분 남짓 걷자 프라도 미술관이 나왔다.

유럽은 한국에 비해 학생들에게 자비롭다. 아내는 대학원에 다녔고, 두 딸은 현재 대학생이어서 미리 준비한 국제학생증을 내보이고 입장료 할인을 받았다. 아내도 학생이긴 했지만 25세 미만에만 할인을 적용하고 있어 두 딸만 할인을 받았다. 소연이가 미리 인터넷으로 예약을 한 덕에 우리는 줄을 서지 않고 바로 입장할 수 있었다. 프라도 미술관은 두 층에 세계적인 명화들을 전시하고 있었다. 1층에는 거장들의 이름을 따서 벨라스케스 문, 무리요 문, 고야 문이라고 쓰인 세 개의 입구가 있었다. 각 전시실 내부는 사진촬영 금지였고, 검색대를 통과해야 하는 1층 로비와 기념품 매장, 휴게 공간은 촬영이 가능했다. 백년 된 건물(1819년 개관)인데도 의외로 로비나 전시실의 디자인과 디테일이 매우 현대적 느낌이라서 조금 놀랐다. 아마도 건물 골조 외에는 상당한 리모델링 작업이 있었을 것이다.

음악에 젬병이라고 했지만, 사실 나는 미술에도 문외한이다. 그런 나도 벨라스케스나 고야 같은 이름은 들어봤고, 또 학창시절 교과서나 교양서를 통해 몇몇 대표작들을 본 적이 있었다. 마침 우리가 미술관을 찾은 날은 고야 특별전이 개최되고 있었다. 많이 알려진 그림만도 무려 8,000점 가까이 소장돼 있다는데, 전시 공간이 좁아서 1,300여 점만 전시하고 있단다. 그래서 특별전이 열리는 경우는 해당 화가의 미전시 작품들이 더 많이 걸리지 않을까 추측했다. 하긴 그래봐야 그림의 떡인 것이, 1층과 2층 전시실을 그냥 주마간산으로 스쳐만 지나가도 하루 종일 걸릴 지경이니, 고야의 그림이 더 많이 걸린다고 마냥 좋아할 일만도 아니었다.

미술관 작품들을 감상하기 위해선, 해당 작품 앞에 서면 자동으로 작품 해설이 들리게 되어 있는 이어폰을 대여하면 되었다. 그러나 프라도 미술관에 여러 번 와본 소연이가 주요 작품에 대해 가족들에게 해설을 해주었다. 잘 알아듣지도 못하는 영어 해설을 듣기 위해 유료 이어폰을 세 개씩 대여하기보다 소연이의 해설에 의지하는 게 나을 성싶었다. 그런 연유로 소연이는 오전 내내 목이 아프게 작품 해설을 해야만 했다. 소연이야 무척 힘들었겠지만 전문 해설가 못지않은 소연의 해설 덕분에 작품에 관련된 많은 이야기들을 들을 수 있었다. 소연의 인솔에 따라 한참 회화를 감상하며 다니는데, 현직 화가로 보이는 사십대쯤의 금발 여성이 대가의 정물화 앞에 이젤을 세우고 그림을 모사하고 있었다. 캔버스 안에는 반쯤 피어난 해바라기가 그려지고 있었다. 화가가 입고 있는 흰색 작업복에는 군데군데 물감이 묻어 있었고, 들고 있는 팔레트 위에는 유화 물감들이 뒤섞여 있었다. 미술관 측에 양해를 구하고 일정 기간 동안 매일 와서 그림을 모사하고 있다고 했다. 그림을 모사하는 건 처음 구경했는데, 원작과 그려지고 있는 모사 그림을 비교해보는 게 꽤 흥미로웠다.

프라도 미술관 세 개의 문을 통과하며 수박 겉만 핥는 명화 감상을 마친 시간이, 늦은 점심시간이었다. 이른 아침부터 계속 걸어만 다녔으니 다리도 아팠지만 배도 고팠다. 안내데스크에 물어보니 절차를 거쳐 미술관 안에서 잠시 나오는 게 허락되었다. 우리는 미술관 밖으로 나와 아침에 민박집에서 준비한 김밥을 먹기 위해 적당한 곳을 찾기로 했다. 막 미술관 현관을 나오는데 오른쪽 계단 옆에 있는 멍멍이가 말을 걸었다. '헤이 코리언, 안녕하세요? 반가워요. 김치, 사진 찍어요' 서툴게 한국어를 흉내 내는 유럽 강아지 발음이 들려왔다. 커다란 상자에 몸을 숨긴 채 테이블 위로 강아지 얼굴을 내놓고 백인이 관광객들을 상대로 사진촬영 서비스 호객을 하고 있었다. 수많은 경험을 통해 '딱 보니 한국사람'임을 알고 한국말로 호객을 하는 거였다. 반갑게 손은 흔들어주었지만, 멍멍이가 생각하는 것보다 우리 식구는 자린고비였다. 괜히 멀리서 사진만 찍어도 돈 달라고 할까봐 우리는 웃으며 서둘러 그 자리를 벗어났다.

미술관 옆 나무그늘에서 먹는 점심은 유쾌했다. 김밥은 아내가 만들었다. 오랫동안 아이들을 가르쳐온 아내는 직업상 저녁 늦게 일을 마쳤고, 잠은 더 늦게 자는 편이었다. 그래서 아침에는 일찍 못 일어났다. 서울에서 자기주도학습센터를 경영할 때에는 더 심했다. 어느 때는 아침형 인간인 내가 일찍 일어나면 아내가 잠드는 시간과 교차하여, '잘 잤어?', '잘 자' 하고 서로 인사를 나누는 때도 있었다. 올빼미형 인간과 아침형 인간은 '그대가 곁에 있어도 나는 그대가 그립다'는 류시화 시인의 시를 넉넉히 이해했다. 그랬던 아내가 이곳에 와서 밤을 새운 건지, 아니면 시차 때문에 생체리듬이 헝클어진 건지, 일찍 일어나 김밥을 말았다. 한국 마트에서 사온 김밥재료 세트에 고슬고슬 식힌 흰쌀밥을 넣고 참기름 발라 싼 김밥이 여섯 줄이었다. 그 김밥을 프라도 미술관 옆 나무그늘에서 먹는다는 건, 정말 뭐라 말할 수 없을 만큼 기분좋은 경험이었다. 점심을 먹고 다시 미술관으로 들어가 2층 고야 특별전과 이름도 다 떠올릴 수 없는 많은 화가들의 작품을 감상했다. 문외한조차 감동시키는 명작들을 언제 다시 보겠냐며 인내심을 가지고 작품들을 감상했다. 그 날이 내 평생 가장 많은 그림을 본 날이었다.

프라도 미술관을 나와서 우리는 마드리드 시내 광장을 돌아보았다. 마요르 광장은 많은 사람들로 붐볐고, 늦은 오후를 달구는 햇살은 우리를 빨리 지치게 했다. 마침 그늘진 골목 안에 테이블을 길게 펼쳐놓은 노천카페를 발견했다. 누가 먼저라고 할 것도 없이 우리는 카페에서 쉬어가기로 했다. 우리는 시원한 맥주와 상그리아, 안주로 빵 위에 무언가를 얹은 타파스를 주문했다. 스페인 와서 처음 마시는 맥주는 한국에서 마시던 맥주와 크게 다를 것 없었지만, 좀더 구수한 향이 나고, 쏘는 맛은 덜한 것 같았다. 맥주를 두 잔쯤 마셨을까, 흰 티셔츠를 입은 마른 청년이 우리에게 다가왔다. 그는 우리가 잘 알아듣지 못하는 말을 하며 무슨 서명용지를 우리에게 내밀었다. 소연이가 스페인어로 우린 관광객이고 잘 모르니까 서명하기 어렵다며 그냥 가라고 했는데, 청년은 다시 무어라고 말하며 서명해 달라고 용지를 테이블에 올려놨다. 내가 미안하다고 그만 가라고 하자 흰티는 알았다고 서명용지를 들고는 다른 곳으로 떠났다. 우리는 남자가 간 뒤로 10분쯤 더 있다가 일어났다. 그런데 그때 하연이가 말했다. "내 휴대폰 본 사람?"

하연이 휴대폰은 스페인 오기 몇 달 전에 구입한 최신 기종이었다. 그동안 낡은 폰만 쓰다가 큰맘 먹고 비싼 폰을 구입했던 거다. 그 휴대폰이 사라졌다. 순간 우리는 모두 그 흰티를 떠올렸다. 당하고 나니 언젠가 '종이 따위를 내보이며 접근하는 소매치기를 조심하라'는 경고를 들었던 기억이 났다. 그러나 막상 당하는 순간에는 전혀 의심을 하지 못했다. 그 흰티는 테이블 위에 놓아둔 하연이 휴대폰을 보고 접근해서 서명지를 휴대폰 위에 올렸다가 서명지와 휴대폰을 함께 집어갔던 거다. 나중에 듣게 된 이야기지만, 유럽에서 테이블 위에 휴대폰을 두는 건 그냥 가져가라는 거나 마찬가지 뜻이란다. 나중에, 소연이 프랑스 친구는 우리 얘길 듣더니 "너희나라 사람들은 심지어 휴대폰을 테이블에 두고 화장실을 다녀오더라?" 했단다. 흰티는 우리를 눈뜬장님으로 만들었다. 아니 바보로 만든 건가? 급히 카페 안과 밖을, 그리고 주변 상점들을 뒤졌지만 10분이 지난 시점까지 도둑녀석이 근처에 남아 있을 리는 없었다. 아침 공원에서부터 미술관을 거쳐 광장 구경에 이르기까지 너무나도 행복해했던 우리는 갑자기 우울해졌다. 이곳 스페인에서 하연이 휴대폰을 가져간 도둑녀석을 찾는다는 건 불가능했다. 불행 중 아주 작은 다행은 우리가 여행자 보험을 들었고, 다는 아니겠지만 일부를 보상받을 수 있겠다는 거였다. 그래서 우리는 일단 분실신고를 해야 한다고 생각하고, 근처 경찰서를 찾았다. 구글의 안내로 어렵사리 경찰서를 찾을 수 있었다. 경찰서에 들어가려는데, 입구에 한국인 직원이 나와 있었다.

"뭘 잃어버렸나요?"

"카페에서 어떤 녀석이 휴대폰을 집어갔어요."

"휴대폰 기기의 고유번호 아나요?"

"몰라요, 한국에 돌아가면 알 수 있어요."

"들어가서 리포트 써야 하는데, 그러려면 고유번호가 필요해요."

"그럼 번호 알아서 신고해야겠네. 아무 경찰서에서나 돼요?"

"그래요. 번호 확인한 다음에 여행 중에 다른 경찰서에서 해도 돼요."

그녀는 한국인 이민자인데 경찰서에서 근무한다고 했다. 우리처럼 매일 수십 명이 물건을 잃고 찾아온다고 했다. 그래서 그렇게 현관 앞에 나와 있단다. 돈과 귀중품을 많이 가지고 다니면서도 허술한 한국인이 스페인 소매치기들의 주된 타킷이라나. 설명을 듣고 나니 더 바보가 된 기분이었다. 아무튼 나중에 신고하는 게 낫겠다고 생각하고 다시 광장을 지나 숙소로 돌아왔다. 여행 첫날의 도난사고로 기분이 나빠졌지만, 이미 벌어진 일에 대한 후회로 남은 여행을 망쳐선 안 되겠기에 모두 휴대폰을 잊기로 했다. 우리 가족은 초긍정 가족이니까. 그러나 그때까지는 몰랐다. 우리가 잊어야 할 것이 휴대폰만이 아니게 되리라는 걸. 휴대폰은 단지 예고편에 불과했다는 걸.

태양을 조각한 **톨레도 대성당**

대성당

톨레도 성당

톨레도 전경

톨레도 종탑

황금 성서

바로셀로나까지 6시간 운전해야 하는 빡빡한 일정을 감안해 아침 일찍 마드리드를 떠났다. 덕분에 아직 관광객이 별로 없는 한적한 시간에 톨레도에 도착할 수 있었다. 톨레도 시가지를 한눈에 조망할 수 있는 언덕 위에 잠시 차를 세우고, 예전에 성벽이었을 난간 위에 올라서 사진을 찍었다. 푸르게 굽이쳐 흐르는 타호 강을 끼고 고딕 양식의 주택들이 밀집해 있는데, 약속이나 한 듯 모두 주황색 지붕을 이고 있었다. 유럽에 와 있다는 느낌을 강렬하게 전해주는 톨레도 시가지 전경에 우리 가족은 그저 황홀할 뿐이었다. '그래 정말 유럽에, 스페인에 우리가 왔구나.' 눈앞에 보이는 톨레도는 전형적인 성곽도시의 모습이었다. 로마 시대의 명칭 '톨레툼' (Toletum)이 톨레도의 어원이었다는 것을 쉽게 이해할 수 있었다. 도시 전체가 성벽으로 둘러싸인 요새처럼 보였다. 톨레도는 1560년 스페인 통일 왕국의 수도가 마드리드로 옮겨지면서 정치적 중심지로서의 지위를 상실했지만, 가톨릭, 이슬람, 유대교 유산이 공존하는 이천 년 역사의 고도로서 손색이 없었다.

오전에 톨레도 관광을 마쳐야 했으므로 불문곡직하고 스페인 가톨릭의 총본산인 톨레도 대성당으로 향했다. 대성당을 백미터쯤 앞두고, 대성당으로 가는 골목 끝에 카페를 발견했다. 대성당 바로 근처는 주차가 어려울 것이라는 짐작이 맞았다. 카페에서 아침도 해결하고 주차도 해결해야 했다. 생각대로 카페 주인은 주차장을 알려줬다. 앙증맞고 스페인스러운 카페에서 우리는 톨레도 주민들과 함께 맛있는 또르띠아 데 빠따따, 크로

와상 그리고 커피를 즐겼다. 하연이는 또르띠아 데 빠따따를 제일 맛있게 먹었다. 또르띠아 데 빠따따는 일종의 스페인식 계란찜이었다. 우리나라 계란찜보다 좀 굳고 안에 감자와 양파가 든, 올리브 오일이 첨가된 스페인의 대표적인 가정식 메뉴다.

1493년 완공된 톨레도 성당은 길이 113미터, 너비 57미터, 중앙 높이 45미터에 이르는 엄청난 규모의 건물이다. 실제로 본 톨레도 대성당은 성당 앞 광장이 그리 넓지 않아서 상대적으로 더 높아 보였다. 푸르고 높은 하늘에 까마귀 몇 마리가 탑돌이를 하고 있었다. 〈왕좌의 게임〉 같은 중세 배경의 영화에 늘 출현했던 그 크고 괄괄한 까마귀가 틀림없었다. 마스터 마르틴이라는 무명의 건축가가 처음 짓기 시작했지만, 대부분 기초 작업을 페트루스 페트리라는 건축가가 맡았다고 전해진다. 고딕 양식이 지배적이지만, 건물이 오랜 시간에 걸쳐 세워졌기 때문에 다른 양식의 영향을 받은 흔적도 많이 보인다. 고딕 양식 요소는 세 개의 중앙 현관 위쪽에 새겨진 복잡한 조각에서 가장 잘 볼 수 있었다. 톨레도 성당에 들어가려면 성당 맞은편 기념품 숍에서 관람 티켓을 끊어야 했다. 티켓은 두 종류로, 성당만 구경하는 티켓이 있고 안내인을 따라 종탑 꼭대기까지 올라갈 수 있는 티켓이 있었다. 우리는 후자를 끊었다. 종탑 내부도 궁금했지만 종탑 꼭대기에서 내려다보는 톨레도가 궁금했다. 아까 초입 언덕에서 톨레도 시가지를 볼 때, 우뚝 선 첨탑이 주머니 속 송곳처럼 도드라져 보였더랬다. 이제 반대로 성당 종탑에서 톨레도를 보고 싶었다.

톨레도 대성당의 제단은 전통적 화려함으로 비교하면 경쟁할 성당이 세상에 없을 것 같았다. 본당 우측 보물실에 있는 쿠스토디아(Custodia)는 전체가 금과 은으로 만들어졌는데, 5천여 개 부품을 합치면 무게가 180킬로그램이나 된다고 한다. 세상에, 금과 은 180킬로그램이라니! 셀 수도 없이 많은 사람과 천사와 동물들의 조각상, 바라보기에도 눈부신 금은보화로 치장되었고, 연원을 알지 못하는 많은 종교적 이야기들을 그림과 조각으로 장식하고 있었다. 성서도 황금으로 만들어져 있었다. '황금 성서'는 프랑스 왕 생 루이가 기증한 것이라고 했다.

금은보화로 치장한 화려함의 극치라는 점을 빼고도, 톨레도 대성당이 유명해진 이유가 두 가지 더 있었다. 하나는 대리석과 석고로 제작한 제단 장식이었다. 나르시소 토메라는 사람이 만든 작품이라고 했다. 그는 위편의 둥근 천장에 구멍을 내 자신이 조각한 인물상들이 태양 광선을 받아 빛으로 이루어진 서클 안에 둥실 떠 있는 것처럼 보이게 하는 효과를 만들었다. 성당 천장에 구멍을 내서 자연광을 예술작품에 결합시킨 것이다. 모르긴 해도 하루 종일 그 앞에 서 있으면 태양의 고도에 따라 천의 얼굴로 변하는 인물상들을 볼 수 있을 것 같았다. 나르시소 토메가 성당 천장에 구멍을 뚫어야 한다고 말했을 때, 당연히 많은 사람들이 '어처구니 없는 발상'이라고 반대를 했다. 그러자 토메는 혼자 곡괭이를 들고 올라가 기어이 천장에 구멍을 뚫었다고 전해진다. 천재적인 아이디어도 감탄할 일이지만, 불굴의 예술혼이 만든 기적이 더 놀라웠다. 스페인과 프랑스에서 많은 성당을 보았지만 이런 예술품은 톨레도 성당에만 있었다. 수많은 성당에 있는 수많은 예술품 가운데 가장 인상적인 장면이었다.

톨레도 성당을 유명하게 한 또 다른 이유는 엘 그레코의 장엄한 그림 〈엘 에스폴리오〉(그리스도의 옷을 벗김) 때문이었다. 그레코는 그리스 크레타 섬에서 태어났지만 예술 경력의 대부분을 톨레도에서 보냈다. 그림을 잘 모르는 나였지만 그레코가 그린 그림은 개성이 워낙 뛰어나서 금방 알아볼 수 있었다(바로 어제 프라도 미술관에서 그가 그린 작품을 많이 보았다). 작품을 평가하는 사람들마다 선호하는 기준이 있다. 나는 내 마음 가는 대로 그레코 작품의 개성을 판단해보았다. 어두운 색감과 비틀거리는 듯한 선의 방향, 흐느적대는 군상들, 밝은 색과 어두운 색이 한 치의 양보도 없이 강렬하게 싸우고 있는 콘트라스트, 그리고 우울하지만 명징한 메시지, 이런 점들이 인상적이었다.

종탑 위에 올라가는 시간은 정해져 있었다. 성당 내부 사각 정원을 보면서 종탑 티켓을 끊은 사람들이 모이기를 기다렸다. 사람들이 모이자 안내인이 인솔했다. 우리 가족도 안내인을 따라 올라갔다. 종탑으로 올라가는 길엔 몇 개의 잠긴 문이 있었고, 안내인은 그때마다 열쇠로 문을 따고 사람들을 인솔했다. 늘 사람들이 지나가야 하는 통로 문을 그렇게 잠그고 여는 것이 필요했는지는 모르겠지만 선택된 사람들만을 위해 비밀의 문을 열어주는 것 같아서 더 비싼 티켓을 끊은 사람들이 만족해할 만한 퍼포먼스였다. 높이 올라갈수록 계단 폭이 좁아들었다. 오동나무처럼 단단한 나무로 만들어진 달팽이 계단을 끝도 없이 올라갔다. 좁고 어두운 계단을 고려해서 종탑 군데군데 비둘기 한 마리나 간신히 통과함직한 세로 창이 있었다. 한참을 빙글빙글 앞사람 엉덩이만 보며 올라가(달리 시선 둘 데가 없었다) 종루에 이르렀다. 어마어마한 크기의 검은색 쇠 종이 있었는데, 종이 세로로 주욱 찢어져 있었다. 이 종을 처음 치던 날 종이 찢어져버렸는데, 성당 건축물을 다치지 않고 종을 내릴 수 있는 기술이 없어서 그대로 놔둔 것이라 했다. 우리는 깨진 종의 금 간 부분을 직접 만져볼 수도 있었다.

오백년이란 세월 동안 찢겨진 채로 톨레도를 지켜보아왔을 종을 감상하고, 격자 쇠창살을 비집고 들어오는 빛을 이용해 멋진 실루엣 사진도 찍었다. 종루에서 바라본 톨레도는 과연 예상대로 대단한 풍광이었다. 아까시가지 밖 언덕 위에서 바라보았던 느낌과는 많이 달랐다. 밖에서 볼 때는 파스텔 톤의 아름답고 발랄한 도시로 보였는데, 종루에서 바라본 톨레도는 슬프도록 엄숙하고 장엄했다. 오백년 동안 톨레도의 흥망성쇠를 고스란히 지켜보았을 종루의 입장에서 보았기 때문일까. 영원히 기억에 남을 톨레도 성당과 종루였다.

발렌시아, Again 2002

톨레도를 떠나 다시 바르셀로나로 향했다. 우리 가족의 이번 유럽 여행은 2018년 월드컵 기간 동안 이루어졌다. 스페인으로 떠나기 직전인 6월 23일 멕시코전에서 손흥민이 어렵게 한 골을 넣긴 했지만 결국 2대 1로 지고 말았다. 조별리그에서 늘 아쉬운 경기 뒤에 목 빼고 바라보게 되는 게 경우의 수다. 그러나 스웨덴에 이어 멕시코한테도 패한 대한민국의 마지막 상대는 다름아닌 FIFA 랭킹 1위 독일. 이쯤 되면 이번 월드컵은 끝났다고 봐야 했다. 멕시코전을 한국에서 보고 떠난 우리에게 월드컵 성적에 대한 기대가 남아 있었을 리 없었다. 그럼에도 불구하고 우리 부부는 독일전을 꼭 봐야 했다. 물론 2002년 4강에서 만났던 독일에게 복수를 할 수 있을 거라고 예상했던 건 절대 아니었다. 2002년 월드컵 당시 거리로 나가 미친 군중이 되어보았던 사람들은 알겠지만, 지구 반대편에 있든 밤낮이 바뀌었든 월드컵은 '그냥' 꼭 봐야 하는 거였다.

"소연아, 오늘 독일전이야. 여기 시각으로 오후 네시래."

"아빠, 그거 꼭 봐야 돼?"

내가 대답하기도 전에 아내가 먼저 발끈해서 당근을 흔들었다.

"뭔 소리야, 당근 봐야지."

나는 물어갔다.

"거봐, 엄마가 더 보고 싶다시잖아. 무슨 수가 없을까? 다음 숙소로 가는 길에 뭐 카페 같은 데서라도 볼 수 없을까?"

"글쎄…… 가는 길에 TV 있는 카페를 찾는다 해도 여긴 스페인이라 우리하고 독일하고 하는 경기를 굳이 중계해줄까 몰라?"

"일단 검색해봐."

스페인을 포함한 유럽 고속도로는 대부분 제한속도가 시속 130킬로미터다. 우리나라에서도 그렇듯이 유럽에서도 사람들은 제한속도를 최저속도로 이용했다. 차들이 죄다 140, 150으로 달리다가 자제할 때가 되면 130으로 낮추었다. 며칠 눈치를 보았는데, 고속도로에 과속단속 카메라가 전혀 없었다. 이틀째 되니 안심하고 속도를 내도 될 것 같았다. 혼자 생각에, 유럽은 아마도 개인에게 규정 준수와 이후 책임을 모두 일임한 듯했다. 귀국 후에야 알게 된 거지만 유럽에 과속단속 카메라가 많지 않은 건 사실이다. 그러나 전혀 없는 건 아니다. 스페인 과속단속 카메라 안내표지는 무슨 와이파이(Wifi) 표시같이 생겨서 그걸 보고 감시 카메라라고 생각하기 어렵다. 카메라도 이정표 속에 숨겨져 있어, 현지인이 아니면 알기 어렵다. 교통규칙도 다르다. 대부분 신호등이 없는 대신 회전교차로가 많다. 회전교차로에 익숙하지 않아, 회전차량 우선임을 자꾸 잊는다. 회전교차로에서 잘못 나가 역주행 위험에 처한 적도 여러 번이다. 유럽에서 자가운전을 할 사람이라면 반드시 유럽 교통규칙을 공부하고 가는 게 좋다. 나는 여행 직전까지 여행갈 수 있는지 확신할 수 없었기에 너무 준비 없이 자가운전을 했다. 어쨌거나 앞뒤로 차들 속도가 있으니 나도 좀 긴장을 해서 운전했다. 왜 안 그렇겠나, 여기는 생전 처음 운전하는 유럽이었는데. 영어와 스페인어로 후다닥 잘도 검색하는 딸아이를 흐뭇하게 곁눈질하며 나는 운전에 열중했다.

"아빠, 찾았어. 우리 가는 길에 발렌시아를 지나는데, 발렌시아에 스포츠카페라는 게 있네. 설명에는 스포츠 중계를 한다고 하니까 잘하면 독일전을 볼 수 있을 것도 같은데?"

"고뤠? 발렌시아라면 우리나라 유망주 이강인이 뛰고 있는 명문 축구팀이 있지. 원래 축구를 좋아하는 축구의 도시니까 중계해줄지도 모르겠다. 그 카페로 전화해서 독일전 중계하는지 물어봐."

큰딸이 카페로 전화하니 독일전을 볼 수 있단다. 우리는 TV에서 가장 가깝다는 스탠드 자리로 네 자리를 예약했다. 그런데 문제는 시간이었다. 열심히 달린다고 해도 세 시간 반을 쉬지 않고 밟아야 하는 거리. 네비게이션은 경기 시각보다 30분이나 늦은 네시 반에야 발렌시아에 도착한다고 알려줬다.

그러나 우리는 네시 정각에 도착했다. 달리는 차 안에서 세 모녀는 잠이 들었고, 그 사이에 나는 마법을 부렸다. 물론 그때는 마법에는 대가가 따른다는 걸 몰랐다. 과속단속 카메라를 보지 못했으니까. 귀국 후 거창 촌집으로까지 추적해온 스페인 정부의 10만 원짜리 과속 딱지를 보기 전까지는 전혀 예상할 수 없었다. 잠에서 깬 세 모녀는 무언가 잔소리할 만한 상황을 알게 되었지만, 다행히 짠하고 나타난 거대한 스포츠카페 입구를 보며 흐뭇해했다.

그 스포츠카페는 말 그대로 스포츠 관람을 목적으로 만든 카페였다.

전면에 극장 스크린만한 큰 TV가 있고 그 TV 맨 오른쪽 구석에는 20인치쯤 되는 작은 TV가 문간방처럼 박혀 있었다. 카페에는 멕시코인 50명쯤, 스웨덴인 30명쯤, 독일인 20명쯤이 커다란 스크린에 각자의 잭팟을 띄우고 있었다. 동양인은 오직 우리 넷. 작은 TV에서 독일전이 막 시작되었지만 독일 응원단과 우리 가족을 제외한 대다수 사람들은 큰 TV로 중계되는 멕시코와 스웨덴 전에만 관심을 두고 있었다. 수적으로 다소(?) 열세였던 우리는 조그만 TV 앞에 마련된 스탠드에 참새처럼 앉아 축구를 보기 시작했다. 작은 TV 앞자리는 스탠드바의 제일 앞자리였으므로 자연 카페 손님들 시선 맨 앞쪽 자리였다. 동양인 넷은 초라한 등을 보이며 축구를 보기 시작했다.

TV를 보면서 우리 가족은 서로가 말은 하지 않았지만, 초라한 동양인 네 명을 호기심으로 힐끗거리는 외국인들을 상대로 기죽지 않고 응원을 해야 한다는 강박은 공유하고 있었다. 늘 사람들 시선으로부터 용감한 막내가 제안해서 우리는 우리만의 월드컵 박수 '따다닥 딱 딱'을 치면서 '대한민국'을 연호했다. 외국인들이 남의 나라 응원에 호응할 리는 없었지만 월드컵이니까 '시끄럽다' 안 하고 귀엽게 봐 넘기는 것 같았다. 그러나 시간이 지나면서 상황이 달라지고 있었다. 세계 1위 독일이 거칠게 몰아붙였지만 그 많은 슈팅을 조현우 골키퍼가 척척 막아냈다. 독일은 당황하기 시작했다. 어딘지 독일 선수들 몸이 무거워 보였다. 나중에 알았지만 죄다 밤새 게임하느라고 그랬다고 하니, 영락없는 '토끼와 거북이'였던 셈인가. 전반전 내내 한 골도 나지 않는 상황. 나는 옆에 앉은 막내에게 "저게 우리 전술이거든…… 저렇게 견디다가 마지막 십분 남겨놓고 놈들 힘 빠졌을 때 반격을 노리는 거야"라고 제법 예언자 겸 해설자처럼 말을 했다. 막내는 평소에도 내가 농담을 해도 믿었다. 견뎌라, 견뎌라, 대한민국, 오천년을 견디었듯, 견뎌라, 대한민국.

전반전이 0대 0으로 끝났다. 막내가 참았던 볼일을 본다고 화장실로 향했다. 낮술과 열기에 취한 수많은 사내들이 벌겋게 지켜보고 있는 가운데를 지나 초등학생 외모를 한 소녀가 화장실을 간다니, 혼자 보낼 수 없었다. 막내가 화장실로 들어가고, 나는 화장실 문 앞을 지켰다. 다양한 국적의 외국인들과 눈을 맞추게 되는 시간. 머쓱한 시선을 돌려 좌우를 살폈다. 그런데 하필 화장실 앞이 독일 응원단 진지였다. 20여 명 되는 남녀가 전반전에 대한 불평을 하고 있는 것 같았다. 독일인도 중국인이나 한국인 못지않게 시끄럽다는 걸 그때 알았다. 특히 술에 취한 스킨헤드 한 녀석이 연신 코리아를 뭐라 뭐라 욕하는 듯했다. 주의해야 할 인물임이 분명했다. 한 차례 녀석과 시선을 부딪쳤는데, 그녀석이 뭐라 말하는 걸 애써 못 들은 척 외면했다. 가족을 동반한 처지여서 시비에 걸리지 말아야 하기 때문이라고 자위했지만, 사실은 귀를 기울여도 알아들을 수 없을 것 같아서였다. 다행히 막내가 길었던 용무를 끝내고 나와서 얼른 데리고 자리로 돌아올 수 있었다.

후반전이 진행되면서 큰 TV를 보고 있던 멕시칸들이 자주 탄식을 했다. 잘못하면 16강 탈락의 위기였다. 대한민국을 연호하며 응원하던 우리 넷과는 달리 지금껏 조용히 보고 있던 멕시칸 몇이 "꼬레아! 꼬레아!" 소리치기 시작한 것은 그때부터였다. 딱 보니 견적 나오네. 이 애들 스웨덴한테 지니까, 독일이 크게 이기면 저희들 떨어질까 봐 겁먹었다. 우리가 최대한 독일과 비기기라도 해달라는 거다. 그때부터 그 카페의 갑은 우리 가족 넷이었다. 최대 다수인 멕시칸들이 저희 나라 응원은 안하고 큰 TV에서 작은 문간방 TV로 시선을 돌렸고, 우리가 이끄는 대로 '꼬레아!'를 연호하며 함께 응원했다. 뭐, 우리한테는 심히 고마운 일이었다.

나는 응원단장이라도 맡은 듯, 스크린을 등지고 멕시칸들에게 두 팔을 최대한 뻗어 박수를 선동질했다. '데자뷔인 듯한 이 장면은 뭐지?' 타임머신을 타고 2002년으로 날아온 기분. 멕시칸들은 순한 양이 되어 우리의 선창을 따라 소리쳤다. 물론 화장실 갈 때 봤던 충혈된 스킨헤드를 포함한 독일 응원단은 구석에서 또아리를 틀고 조용히 독배를 들이키고 있었다. 바로 그 순간, 김영권이 골을 넣었다. 나는 기절할 뻔했다. 꿈인가 생시인가. 펄쩍펄쩍 무당처럼 괴성을 지르며 뛰기 시작했다. 가족들과는 물론, 누군지도 모르는 멕시칸과 부둥켜안고 발광을 했다. 덩치 큰 멕시칸 아줌마가 와락 끌어안자 나도 함께 껴안고 뛰었다. 나는 독일에 골을 넣어 기쁜 거였고, 멕시칸은 16강에 올라갈 확률이 커져서 기쁜 거였다. 이유는 달랐지만 우리는 껴안고 뛰었다. 그렇게 발광을 하고 있었는데…… 못생긴 멕시칸 녀석 하나가 'NO!'라고 했다. 브라운관을 보니 심판이 허공에 네

모를 그리는 것이, 비디오 판독을 하자는 거였다. 미치겠네. 작두춤 다 췄는데, 굿을 다시 하라는 거야 뭐야? 김을 빼도 유분수지. 카페가 다 조용해졌다. 나는 속이 쓰려 맥주를 들이붓느라 못 봤는데, 갑자기 또 멕시칸들이 점핑을 했다. 그래서 알았다. 골이 인정됐다는 것을. 그리고 손흥민이 단독 드리블로 두 번째 골을 넣었을 때 또다시 광란이 일어났음은 당연지사였다.

한참을 광분하며 즐기다가 문득 저쪽 구석에서 우리를 째려보고 있는 독일 응원단을 보게 되었다. 스킨헤드를 포함한 몇 명이 충혈된 시선으로 우리 가족을 노려보고 있었다. '저 녀석들, 좀 취했는데…… 오늘 조심해야겠는걸.' 카페의 100여 명 외국인들이 모두 우릴 보고 축하하고 인사하는 행복한 타임이 영원히 끝나지 않았으면 했지만, 욕심을 버려야 했다. 안전을 위해, 흥분이 식지 않은 가족을 추슬러 밖으로 빠져나왔다. 사람들이 오가는 큰길 앞 인도에서 또다시 네 식구가 만세 삼창을 불렀다. 부르릉~~ 떠나는 렌터카 뒤에서 멕시칸 두셋이 감사의 인사를 건네는 모습이 룸미러로 보였다. 2002년 삼성동 테헤란로에서 태극기를 들고 차도를 뛰어다녔던 내 젊었던 시간이 떠올랐다. 그렇게 우리는 축구의 도시 발렌시아를 떠났다.

공포의　집

공포의 집

해변

해변촌

발렌시아를 떠나 두 시간쯤 왔는데도 아직 숙소까지는 한 시간 더 가야 했다. 정말 소연이는 아빠를 대단히 존경하는 모양이었다. 오십 초반에 이른 아빠가 초행의 유럽 도로를 하루 종일 달려도 끄떡없을 것으로 확신한 게 분명했다. 그렇지 않고서야 이런 스케줄을 짤 리가 없었다. 어깨가 결려 더는 운전을 못할 것 같아 잠시 쉬어 가기로 했다. 마침 해안도로라서 조금 들어가니 한적한 바닷가가 나왔다. 광활해서 가슴이 뻥 뚫리는 바다가 아니고 예쁘고 소박한 그런 바다였다. 이 바다가 지중해라는 걸 소연이가 가르쳐줬지만 믿기 힘들었다. 그냥 딱 우리나라 한적한 바다였다. 동해 망상해수욕장 같이 '나 해수욕장이야' 하는 바다 말고, 삼척 밑으로 가면 살금살금 기어나오는 작은 해수욕장들. 특히 개발이라는 명목으로 엉망이 된 지금 말고 그 옛날 장호해수욕장이 딱 이랬을 성싶은, 막내 하연이 같이 앙증맞고 예쁜 바다였다.

하연이는 예쁜 걸 좋아했다. 뭐 그 나이 때 소녀들(이제 성인이 됐지만 내겐 늘 소녀다. 아니 너무 동안인 탓에 남들이 봐도 액면은 소녀다)이 다 그렇겠지만. 그래도 제 언니하고만 비교해도 판이할 정도로 예쁜 걸 아낀다. 지금 제 언니 행색은 영락없는 노숙자인데, 막내는 늘 개성대로 예쁜 옷차림을 좋아하고, 예쁜 풍경을 사진에 담길 좋아하고, 예쁜 토핑을 얹어 먹길 좋아한다. 그림도 잘 그리고, 피아노도 잘 치고, 노래도 잘하고, 춤도 잘 춘다. 어려서부터 예능에 재능이 있었고, 흥이 있고 끼가 있었다. 하연이는 기분이 좋으면 누가 시키지 않아도 춤추고 노래한다. 나야 뭐 누가 춘 춤인지 알지도 못하지만, 하연의 그 춤은 분명 아이돌 가수들 중 인기 멤버의 그 노래이고 그 춤이다. 하연이가 노래하고 춤출 때 그 뒤에서 보며 걷는 걸 나는 제일 좋아했다. 스페인의 그 예쁜 해변에서, 사위어가는 수평선을 배경으로 하연이가 실루엣 사진처럼 춤을 췄다. 파도가 밀려와 하연이 종아리에서 하얗게 부서졌다. 무대 위에 깔리는 안개 같았다. 그 춤에 홀려, 춤 못 추는 나도 어느새 춤동작을 하고 있었다. 둘이 손을 마주 잡고, 하연이는 섹시하게, 나는 덩실덩실, 춤을 추었다. 언제 가지고 나왔는지 소연이의 플루트 소리가 어두워져가는 파도소리와 어우러졌다. 아내는 파도가 내어준 자리에 하트를 그리고 그 안에 '만복정'이라고 우리집 가호를 쓴다. 내 인생에 오늘이 가장 아름다운 날이 아닐까, 이런 날이 다시는 오지 않겠지, 이렇게 생각하니 찔끔 눈물이 나려 했다.

　바르셀로나 외곽도로를 지나서도 한 시간쯤 달렸다. 해는 이미 그 아름다웠던 바다 속에 잠든 지 오래. 열한 시가 넘었다. 네비게이션이 가리키는 대로 큰길을 벗어나 소로로 접어들었다. 숙소가 산 속에 있는지 자꾸 산속 길로 가란다. 벌써 20분 넘게 꼬부랑 산길로만 들어가고 있었다. 길이 점점 좁아지는가 싶더니 좌회전을 하라는데, 아뿔싸 비포장도로다.

　"어, 여긴 비포장인데…… 이거 정말 맞는 길인가? 소연아, 구글로 다시 확인해봐, 좀 이상하다, 이거."

　"여보, 조심해서 가요. 길이 울퉁불퉁해."

　"빌린 차지만 차 하부 다 긁히네."

"아빠, 구글로도 이 길이 맞아, 주소도 맞고. 이리 계속 가라는데?"

맞다는데 어쩌겠나, 계속 가야지. 칠흑 같은 어둠 속에서 나무꾼들이나 다닐 법한 좁은 임도를 고양이처럼 납작 엎드려 천천히 전진하는데, 좌우로 사이드미러에 나뭇가지가 걸린다. 유리창을 긁는 나뭇가지가 좀비들의 갈퀴손 같다. 이렇게 가다 이 길이 갑자기 끝나기라도 하면 유턴도 못하고, 어두워서 후진도 못하고, 꼼짝없이 산속에서 밤을 새야 할 것 같다. 본능적으로 유량 게이지를 봤다. 기름이 한 칸밖에 안 남았다. 밤새 자동차 히터를 켤 수도 없을 것 같았다. 히터를 줄이는데, 등골에서 식은땀이 났다. 소연이가 다시 숙소 주인과 통화를 시도했다. 산속이어서 그런지 통화가 쉽지 않았다. 간신히 통화가 되었는데, 그 주소가 틀림없다고 한다. 그리고 계속 그 산길로 오라고 한다. 그렇게 다시 10분쯤 전진했을까, 더 이상은 이렇게 갈 수가 없어 잠시 차를 세우고 휴대폰 플래시를 켜고 문 밖으로 나갔다.

'여기가 어딜까, 계속 가도 되는 걸까, 구글을 계속 믿어야 하나, 안 가면 어쩔 건가.'

좌우 숲속을 비춰보며 어찌할까 생각하고 있는데, 차 안의 세 모녀도 나의 긴장을 눈치챘는지 모두 걱정이 가득한 표정들이다.

바로 그때, 차 뒤쪽 멀리서 불빛이 반짝 보였다. 자동차다. 누군가 이 산길로 우릴 따라오고 있다. 누굴까. 집 주인이 마중 나온 것이라면 당연히 앞쪽에서 와야 했다. 이 야심한 시각에…… 칠흑 같은 이 산길을……

누가, 왜 따라온단 말인가?…… 집주인과 저 추적자가 혹시 한패인가? 본 능적인 경계심으로 온몸의 솜털이 곤두섰다. 무기가 될 만한 걸 찾아야 했다. 휴대폰을 좌우로 급하게 비추며 몽둥이가 될 만한 게 없는지 찾고 있는데, 어느새 그 차가 벌써 우리 차 뒤에 와서 섰다. 나를 향해 라이트를 상향으로 비추고 있어 운전자가 내리는 모습이 보이지 않았다. 운전자가 성큼성큼 내게 다가오고 있었다. 나는 아직 몽둥이를 준비하지 못했다. 나는 여차하면 휴대폰으로 머리를 칠 요량으로 휴대폰만 꽉 쥐고 전방을 주시했다. 운전자는 천만다행으로 여자였다. 스페인어로 뭐라 하는데 잘 알 수가 없었지만, 다가온 운전자가 여자라는 것만으로도 나는 긴장을 조금 내려놓을 수 있었다. 차 안에 있는 소연이를 불러 여자와 이야기하도록 했다. 소연의 설명에 의하면 그 여자는 근처 사는 집주인 친구인데, 친구 부탁으로 마중 나온 것이었다. 어두워 우리가 보지 못했을 뿐, 우리 차가 그 여자 집 근처를 지날 때부터 우리를 따라온 것이었다. 무신론자인 나는 속으로 말했다. '하느님, 감사합니다!'

여자의 설명을 듣고 나니 더 기가 찼다. 우리가 멈춰선 곳 전방 10미터 앞에 작은 언덕이 있는데, 그 언덕만 올라가면 바로 숙소 대문이었단다. 그 말인즉슨, 우리는 고생은 고생대로 다 해놓고 숙소 대문 앞까지 와서는 어찌할까 고민하고 있었던 거다. 주인 친구가 오지 않았어도 10미터만 더 전진했더라면 숙소를 찾았을 터였다. 어이가 없었다. 그 여자가 인도하는 대로 언덕을 오르자 정말 대문 같은 게 보였다. 녹슨 철문은 활짝 열려 있었고, 주인인 듯한 남자가 한쪽 철문을 붙들고 손으로 들어오라고 신호를 보내고 있었다. 수신호를 보고 경사진 대문 길을 올라가는데 녹슨 철문 안쪽에서 갑자기 발가벗은 사람이 전조등 앞에 나타났다. 머리끝이 쭈뼛 하여 나는 급히 브레이크를 밟았다. 하마터면 소리를 지를 뻔했다. 나뿐 아니라 아직도 긴장을 풀지 못하고 있던 세 모녀도 숨이 막힌 듯했다. 그런데 그 알몸의 사람은 움직임이 없었다. 가만 보니 사람이 아니라 마네킹이었다. 마네킹이…… 이 산속에…… 이 밤에……대문 앞에. 마네킹이란 걸 확인했기에 다시 액셀을 천천히 밟아 그리 넓지 않은 마당으로 들어섰다. 차를 주차하고 짐을 내려야 했지만, 나는 왠지 이 집에 묵을 수 있는지, 나타난 사람들이 정말 민박을 내주는 집주인이 맞는지, 우리 가족이 어떤 범죄인들 손에 놓이게 된 건 아닌지 확인하기 전에는 짐을 내릴 수 없었다. 가족들도 모두 차에서 못 내리고 쭈뼛거리고 있었다.

집 안에 들어서니 맨발에 민소매 티셔츠 차림으로 주인 여자가 환하게 불을 밝혔다. 많이 기다렸다고, 오느라 고생했다고, 자기는 수잔이라고, 옆의 남자는 남편 크리스라고, 아기가 있는데 방에서 자니까 조금 조용히 해주면 좋겠다고, 아기가 깨면 곤란해진다고, 우리 방은 이층이며 원하면 주방에서 요리해 먹을 수 있다고, 안내를 해주었다. 엉겁결에 설명을 듣고 차례로 악수를 하고 찬찬히 주방과 여자를 살펴보니, 범죄 같은 것하고는 손톱만큼도 인연이 없는 듯한 모습이었다. 주방 구석에 꽂혀 있는 칼은 인육을 썰기에는 너무 무뎌 보였고, 우리 주위를 어슬렁거리며 냄새를 맡고 있는 커다란 개도 덩치만 컸지 사람 사냥에 이용될 것 같지는 않았다. 더구나 안에 아기가 자고 있다니 평범한 촌부부가 맞는 듯했다. 그제서야 나는 가족들에게 짐을 풀어도 되겠다고 말했다. 자연 속 예쁜 전원주택을 상상하고 왔지만 오는 길에 이미 기대는 버린 지 오래였고, 이상한 농가에 버려진 세 모녀는 뚱한 얼굴로 짐을 풀기 시작했다. 모두들 너무나 피곤해서 바로 쓰러질 것 같았다. 나도 모든 일을 다 내일로 미루고 서둘러 이층 침실로 가고 싶었는데, 짐을 풀던 소연이가 가방 속에서 와인병을 꺼냈다. 순간적으로 소연이와 눈이 마주쳤다. 무언의 합의. 딱 한 병만? 아내와 막내를 올려보내고 우리는 가방을 뒤져 발렌시아 마트에서 저녁거리로 산 돼지고기를 꺼내 두루치기를 만들었다. 톨레도 관광과 발렌시아에서 본 독일전, 바르셀로나 자연주의 숙소 찾기에 에너지를 탕진한 두 부녀는 밤 늦도록 검푸른 와인으로 피로를 풀었다.

그렇게 피곤하지 않았다면 그 흉흉한 농가에서 깊이 잠들 수 있는 사람이 우리 중 아무도 없었을 것이다. 그러나 우린 모두 녹초가 되었고, 바로 그 이유로 모두 푹 잘 수 있었다. 언제나처럼 내가 제일 먼저 일어났다. 이쪽 침대에 누운 아내와 저쪽 침대에서 자고 있는 두 딸이 깨지 않도록 조심하며 아래층으로 내려갔다. 주방을 통해 현관으로 나가려는데, 어제 만났던 큰 개(조이)가 '너 뭐야?' 하는 눈으로 쳐다봤다. 여차하면 '으르렁, 컹' 하고 짖을 것 같았다. 조심스레 손을 뻗어 머리를 쓰다듬었더니 꼬리를 흔들며 앉아 있던 카펫 위에 다시 엎드린다. 현관을 열고 밖으로 나와 마당

가운데서 기지개를 켜고 처음으로 밝은 곳에서 농가를 살펴보았다. 시골 교회처럼 삼각형 꼴로 지어진 농가 지붕 위에 부챗살 같은 햇볕이 드리우고 있었다. 벽돌이나 블록을 이용했을 집 외장은 흙으로 바르고 페인팅을 한 듯했는데, 자주색과 연두색의 조화가 신선했다. 마당은 간밤에 본 것보다 훨씬 넓었고, 구석에 키 큰 나무가 서 있고 그 아래 개집인지 어린아이 놀이터인지 모를 작은 장난감 목조집이 있었다. 울타리를 따라간 끝에, 어제 우리가 통과한 철 대문이 있었고, 그 앞에는 아직도 그 마네킹이 다음 손님을 놀래키기 위해 서 있었다. 반대편 마당 끝에는 조그만 축사가 있는데, 가축은 보이지 않았다. 울타리 걸쇠를 열고 나가자 야산 비탈이 나타나는데, 비탈 아래 삐뚤삐뚤 고랑과 이랑이 어지러운 밭에 이름 모를 채소들이 자라고 있었다. 밭 주변에는 염소 몇 마리가 한가하게 풀을 뜯고 있었다. 그 옆 닭장에는 열 마리쯤 되는 닭들이 아침 모이를 쪼고 있었다. 이런 걸 모든 게 정상인 농가라고 부르는 거였다. 너무나 평온하고 소박하고 아름다운. 사방을 둘러봐도 다른 민가는 보이지 않았다. 깊은 산속에 거짓말같이 홀로 유유자적 살고 있는 농가였다. 속으로 웃지 않을 수 없었다. 도대체 어젯밤의 긴장과 불신과 터무니없는 진입로는 다 무어란 말인가? 결코 꿈속 일은 아니었다. 저렇게 말도 되지 않는 마네킹이 아직도 서 있지 않은가? 이해는 가지 않지만 아무튼 이 집이 위험한 집이 아님에는 틀림없다고 생각하니 웃음만 나왔다. 아침 산책을 하는 동안, 주인 식구들이 한 명씩 일어나 마당으로 주방으로 다니기 시작했고, 인기척을 들었는지 세 모녀도 일어났다. 세 모녀는 모두 나처럼 마당으로 나와 농가를 구경했고, 모두 나와 같은 절차를 거쳐 안심을 했다. 더욱이 아내는 마당 구석과 야산 비탈에 심어놓은 작물들을 하나하나 살펴보면서 주인여자에게 묻기도 하고 아는 체를 하기도 했다. 똑같이 농사를 짓는 입장에서 반가움이 들었던 게다.

기러기 신세로 시골 생활을 한 지 5년 만에 거창 읍내에서 10분 떨어진 외딴 곳에 집을 지었다. 집을 짓고 난 나머지 땅 중 일부에는 잔디를 심어 마당을 꾸몄고, 그 나머지 대부분은 밭을 만들었다. 그 밭에 고구마, 감자, 상추, 고추, 깨, 옥수수, 완두콩, 파, 생강, 오이, 땅콩, 토마토, 호박, 시금치, 알타리무 등 알 만한 작물들을 죄다 심었다. 나는 흙을 뒤집어 이랑과 고랑을 구분해 밭을 만들고 멀칭을 했다. 아내와 어머니는 지주대를 세우고 모종을 심고 벌레를 잡았다. 가을에 수확을 하면 결실을 간수하는 건 어머니 몫이었다. 어머니는 그 많은 고구마를 낱개로 신문지에 싸서 보관하셨다. 그 덕에 우리는 일년 내내 고구마를 먹을 수 있었다. 겨울에 화목난로에 구워먹는 고구마는 단연 최고였다. 집을 지으면서 멀리 함안까지 가서 사온 화목난로는 겨울을 나는 시골집 낭만의 결정판이었다. 화목난로 포켓에 고구마를 넣고 익히면 겉은 타지 않고 속만 노랗게 잘도 익었다. 완전히 다 익기 전에 고구마를 꺼내서 외과 수술로 배를 갈라 가루 치즈를 듬뿍 넣고 마저 익히면 이름도 유명한 치즈군고구마를 만들 수 있다. 바빠서

쉽게 내려오지 못하는 막내 하연이를 거창 촌집으로 유인하는 데는 치즈 고구마 이상이 없었다. 우리는 함께 도와가며 텃밭보다는 크고 농사라고 하기엔 초라한 농사를 지었는데, 처음부터 합이 잘 맞았던 건 아니었다. 셋 다 농사 초보였는데, 고집이 세신 어머니와, 농사 경험이 그중 제일 많았던 아내가 툭하면 부딪히기 일쑤였다. 중재를 해야 하는 내 입장은 늘 외줄타 기였다. 우리 집 농사는 지어서 파는 게 아니라 우리 식구들과 이웃들이 나누어 먹기 위한 농사였으므로 농약을 일절 치지 않았다. 대신 아내는 은 행잎 등 천연재료를 이용하여 친환경제조법으로 만든 약을 만들어 사용했 다. 당연히 원가도 많이 들고 노력도 배로 들었다. 그러나 그렇게 무농약 으로 기른 야채들은 식감부터 달랐다. 평소 고추를 잘 먹지 않던 내가 우 리 밭에서 나는 고추를 먹고 나서부터는 고추 따 먹을 수 있는 여름을 기다 렸다. 껍질이 질기지 않고 씹는 소리가 억세지 않았다. 빠드득 씹히지 않 고 뽀드득 씹혔다. 무농약 고추가 얼마나 맛있는지 우리 집에 놀러오는 손 님들은 특별히 구워주는 고기보다 막 따온 고추를 더 좋아했다. 스페인 산 속의 이 수잔과 크리스도 그리 크지 않은 농사를 지으며 살고 있었다. 농 작물을 팔아 크게 돈이 될 것 같지는 않았지만, 세 식구 먹고도 남을 만큼 은 되어 보였다.

아침나절 소연이가 스페인어로 주인 내외와 나눈 이야기에 따르면, 이 들 부부는 도시의 삶이 싫어 일찍부터 산속으로 들어와 고립된 생활을 자 처하고 사는 자연주 부부였다. 그래서인지 안주인은 맨발과 허름한 민소매 티를 입고 산다. 주방에도 다 낡은 냄비며 칼이며 도마며 스푼들만 보이는 것도 이들이 문명의 이기들에 욕심이 없는 자연주의자들이기 때문이었다. 세 살인 아들 세인과 함께 셋만 사는데, 어제 본 여주인의 여자친구가 근처에 살아 거의 같이 지낸다. 진입로는 보통 차로 다니는 길이 아니며, 집 뒷산을 조금 올라가면 큰길에 바로 접하고, 보통은 그 큰길에 차를 두고 걸어서 집으로 들어온다고 했다. 다만 바르셀로나 쪽에서 접근하는 차가 네비게이션을 켜면 그렇게 말도 안 되는 임도로 안내를 하기 때문에 종종 손님들이 어려움을 겪곤 한다고 했다. 듣고 보니 이해도 되고 있을 법한 설명인데, 정말 어젯밤 상황에서는 도무지 이해할 수 없는 것들이었다. 어둠과 밝음, 무지와 이해의 차이는 같은 세상을 그렇게 달리 보이게 했다.

부부는 정말 선량한 미소를 가지고 있는 사람들이었다. 금발에 파란 눈, 보조개 움푹한 세 살 아들 세인이 부부의 미소를 그대로 이어받았다. 아빠와 아들은 우리 손님들을 위해서 작은 아침 공연을 했다. 현관 안쪽 좁은 거실에서 아빠는 진짜 기타를, 아들은 가짜 기타를 들고 서부 활극에 나오는 카우보이 싱어들처럼 서서 노래를 불렀다. 아들이 얼마나 능청맞게 장난감 기타를 치는지, 웃느라 배가 아플 지경이었다. 안주인은 비탈 아래서 염소를 한 마리 끌고와 마당 한쪽 헛간으로 데려갔다. 염소를 능숙하게 묶더니 배 밑에 커다란 통을 받치고 앉은뱅이 의자에 앉아 염소 젖을 짰다. 쭈욱 쭈욱 염소젖이 잘도 나왔다. 우리가 사진도 찍고 이것저것 물으니 웃으며 조용히 하란다. 염소가 스트레스 받는다고.

다음날 이 집을 떠나면서 큰 딸 소연이가 물었다.

"아빠, 에어비앤비에서는 숙소 사용 후 평점을 반드시 입력해야 해. 근데 우리 이 집 평점을 어떻게 줘야 해?"

"뭐 시설 기준으로 보면 별 두 개지만 주인들 친절하기로는 다섯 개인데…… 글쎄 어쩌나?"

"좋게 줄래. 아마도 우리 전에 다녀간 사람들도 우리하고 똑같았나봐. 그래서 내가 좋은 평점에 낚인 거지. 우리 다음에 묵을 사람도 우리처럼 고생할지도 모르지만, 우릴 욕하진 않을 거야. 그치?"

내가 말했다. "그래, 다만 저 마네킹은 좀 치워달라고 해라."

아! **노바 이카리아** 해변

시장

파밀리아 성당

해변

깨진 차유리창

바르셀로나, 가우디, 사그라다 파밀리아 대성당. 스페인 여행을 계획하거나, 현재 여행하는 사람이라면 누구나 만나게 되는 첫 이름들이다. 스페인 북부, 프랑스 남부, 포르투갈을 여행지로 선택한 우리에게 남쪽 바르셀로나는 멀기도 하고 덥기도 해서 계획에 포함시킬 선택지가 아니었을지도 모른다. 그러나 언제 다시 스페인에 올 수 있을지 장담할 수 없다고 생각하면 바르셀로나와 사그라다 파밀리아 대성당을 빠뜨릴 수는 없다. 그래서였을 거다. 마드리드에서 일곱 시간 운전해서 우리가 선택한 여행지는 바르셀로나였다. 전날 밤 바르셀로나 '자연주의 집'에 도착해서 겨우 잠만 자고 나온 우리는 바로 사그라다 파밀리아 대성당으로 향했다.

스페인 카탈루냐 지방의 바르셀로나에 위치한 가톨릭 대성전. 천재 건축가 안토니오 가우디가 설계한 건축물이자 그가 심혈을 기울인 야심작으로, 기존 성당 건축의 특징을 잘 계승하면서도 가우디 특유의 개성이 잘 융합된 건물이라는 평가를 받고 있는, 세계 성당 건축물 가운데 가장 명성이 높은 건축물이다. 스페인 패키지여행 상품을 파는 홈쇼핑에서 늘 보여주는 장면 가운데 빠지지 않는다. 1882년부터 착공에 들어간 이래 136년이 지난 지금도 계속 건축되고 있다. 가우디 사망 100주기인 2026년에 완공이 예정되어 있다고 했다.

가우디고 파밀리아고 간에 주차를 해야 구경을 할 게 아닌가? 세 모녀를 성당 정문 바로 앞에 내려준 것만으로도 사실 성공한 셈이다. 막상 세 모녀를 내려주고 나서 차를 돌려 나오는데 보니까 일반 차량이 거기까지

들어가기도 힘들 정도로 도로가 복잡했다. 비싼 주차료를 감당하고 대성당에서 10여 분 떨어진 건물에 겨우겨우 주차를 했다. 성당 입구에서 기다리던 세 모녀가, 수고했다고 가장을 반겨준다.

내게 사그라다 파밀리아 성당의 첫 인상은 빛이었다. 유럽 여행이라는 게 알고 보면 가톨릭 성지순례 같은 거였다. 여기저기 좋다는 데 다니다 보면 결국 종착지는 성당이었다. 톨레도 대성당이 그랬고, 바욘의 성당도 그랬고, 가는 곳마다 유명지든 시골이든 지친 관광객의 마지막 걸음을 붙잡는 건 죄다 성당이었다. 오죽하면 내가 가톨릭 모태 신앙인 아내에게 "이게 유럽여행 맞아? 성지순례 아니고? 유럽 애들은 좋겠어, 금수저라서 …… 죄다 지들 조상이 건축한 성당으로 관람료 받아서 먹고 사는 애들 같애"라고 이죽거렸을까. 좀 과장은 되었지만 그만큼 성당이 많다. 아마 우리가 보고 감상한 성당도 여행날짜만큼은 될 거였다. 무신론자인 내가 그 많은 성당을 둘러보면서 느낀 공통점이 세 가지 있다. 첫째, 어느 성당이고 미사의 절차, 순서, 내용이 같다. 아내에게서 배운 사실이지만 전 세계 가톨릭 미사는 최신형 휴대폰보다 더 표준화되어 있다. 그래서 영어든 스페인어든 못 알아들어도 신자들은 대충 미사 진행을 따라잡으며 파란 눈의 신부가 무어라고 하는지 눈치로 알 수 있다. 둘째, 어느 성당이나 같은 냄새가 난다. 마치 오래된 떡갈나무 숲속 나뭇잎들이 신성하게 썩어가는 냄새랄까. 습기와 먼지와 유골이 황금 장식 아래 천년을 엄숙히 기도하고 있을 때 나는 냄새. 셋째, 어느 성당이든 어둠이 배경이고 빛은 연출이다. 어둠은 성당의 몸과 같고, 높은 창문의 스테인드글라스를 통해 들어오는 빛은 성당의 뼈가 되고, 군데군데 켜놓은 촛불은 성당의 손가락 발가락이다. 이것이 내가 본 성당의 공통점이었다. 어느 어둠이 더 엄숙했는지, 어느 스테인드글라스가 더 화려했는지, 어느 촛불이 더 반짝거렸는지 차이는 있어도, 대개 성당은 그런 분위기였다. 그런 면에서 사그리다 파밀리아 성당은 많이 달랐다.

사그리다 파밀리아 성당의 배경은 어둠이 아니라 빛이었다. 드높은 천장에도 바닥에도, 얼마나 높은지 바라보면 허리가 휠 것 같은 기둥의 밑둥부터 꼭대기까지 모든 성당 구석구석에 빛이 있었다. 워낙 크고 많고 화려한 창들 때문인지, 하얀 석조기둥들 때문인지, 꽃잎과 같은 석조장식들 때문인지 잘은 모르겠지만, 아무튼 성당 전체를 채우고 있는 건 어둠이 아니라 빛이었다. 아직 공사를 하고 있는 상층부 스테인드글라스까지 모두 완성하고 나면 얼마나 더 많은 빛이 견고하게 성당을 지배할까 잠시 생각해보았다. 이 성당 석조기둥들은 다른 성당들과 달리 기둥 표면이 수직으로 오목하게 패여 있었다. 유럽에서 본 대다수 성당 기둥들은 거의 예외 없이 석조기둥에 수직으로 볼록한 돌기가 되어 있었는데, 유독 이 성당 기둥 돌기는 오목했다. 혼자 추측컨대, 빛으로 가득 채워진 성당 석조기둥에 볼록한 돌기를 만들 수는 없었으리라.

사그리아 파밀리아 성당에서는 '기도하고 싶다'는 마음을 잊게 되지 싶었다. 너무나 많은 관광객 때문이었을까? 큰딸아이가 성당에 들어서자마자 더위를 먹었는지 해쓱한 얼굴로 '귀퉁이에 앉아 쉬겠다'고 해서 가족들이 걱정하기 바빠서였을까. 그것만은 아니었다. 성당에서 기도를 하는 나약한 신자는 어둠 속에 있어야 했다. 그래야 십자가든 기도든 빛이 날 게 아닌가? 어둠은 초라한 신자의 더러운 몰골을 덮어주고 기도하는 손끝만 촛불로 밝힐 수 있는 자애스런 배경인 것이다. 남루하고 더럽고 나약한 신자의 몰골을 환히 밝혀주는 성당이란 어쩐지 너무 매정하지 않은가? 그래서 그랬던 것 같다. 사그리아 파밀리아 성당의 미술적 화려함이나 웅장함, 경탄을 자아내는 건축학적 매력을 부인할 수 없지만, 기도하러 가고 싶은 성당은 아닐 것 같았다.

성당을 나와 뜨거운 태양에 정면 승부하기로 하고 근처 노바 이카리아 해변으로 향했다. 코발트색 수평선과 반라의 젊음, 하얀 백사장이 눈앞에 펼쳐졌다. 전날 발렌시아에서 독일전을 보고 바로셀로나로 오는 도중에 이름 모를 한적한 해변에서 잠시 쉬었다. 막내 하연이의 춤사위를 보면서 우리 가족만의 단란한 지중해를 만끽했다, 그러나 끝없이 펼쳐진 백사장과 수평선 그리고 수많은 젊음이 헤엄치는 바르셀로나 해수욕장은 또 다른 느낌이었다. 동양인과는 달리 자외선을 겁내지 않는 유럽인들이 군데군데 지뢰처럼 누워 태닝을 하는 사이를 지나쳐 해변에 자리를 잡았다. 렌트비 2만 원을 주고 파라솔을 빌렸다. 누구나 멀리 이국을 여행하면 소소한 문화적 충격을 겪는다. 나도 그랬다. 특히 해변에서 그랬다. 빌린 파라솔 아래 누워 푸른 하늘과 쪽빛 바다와 이국의 사람들을 구경하고 있는데,

바로 코앞에서 상상도 못할 일이 벌어졌다. 스물 중반 정도 나이의 연인으로 보이는 두 남녀가 우리 파라솔에서 5미터쯤 떨어진 곳에 자리를 잡았다. 백인 청년은 잘생긴 얼굴에 식스팩으로 무장한 '킹카'였고, 백인 아가씨는 늘씬한 체형에 볼륨감 있는 몸매를 가진 '퀸카'였다. 보기 좋은 선남선녀라서 아무 생각 없이 잠시 그들에게 시선을 주고 있었는데 그 아리따운 아가씨가 갑자기 반바지를 휙 내렸다. 그녀는 노팬티였고 나는 그녀를 정면으로 보고 말았다. 훅, 하는 놀람과 동시에 나는 무슨 범죄 현장을 들키기라도 한 것처럼 누가 볼세라 얼른 얼굴을 돌렸지만, 볼 건 다 보고 말았다. 그런데 그 아가씨나 청년은 내가 자신들을 보았는지 말았는지 신경조차 쓰지 않고 천천히 수영복으로 갈아입고는 바다를 향해 손잡고 걸어가는 게 아닌가. 너무 놀라서였을까, 아니면 내가 그런 장면을 보았다는 사실을 아내에게 고하지 않으면 '당신 아까 뭘 봤어?' 하고 이실직고 하라고 할 것 같은 두려움 때문이었을까. 내가 아내에게 방금 본 것을 얘기하자 아내도 '당신도 봤구나, 나는 저쪽에 있는 아저씨 홀딱 벗는 것 봤어, 스페인 해변에서는 홀딱이 예사네'라고 했다. 나만 본 게 아니니, 죄책감은 덜었다.

우리나라하고 똑같이 여기도 해변 장사치들이 넘쳐났다. 자리를 잡자마자 인도인쯤으로 보이는 청년이 후다닥 다가와 면으로 된 깔개를 사랬다. 모래사장에 그냥 엎어져 쉬기도 그렇고 필요하긴 한데 너무 비쌌다. 물건 값 잘 깎는 내가 다시 솜씨를 발휘해서 3평방미터쯤 되는 면포를 2만 원에 샀다. 사실 이 깔개를 이때로부터 우리 여행이 끝날 때까지 요긴하게 사용했다. 특히 고속도로 휴게소에서 졸리면 잔디밭에 면포를 깔고 한숨 자고 떠나곤 했다. 본전은 다 뺀 거다. 소연이가 이 면포에 누워 코를 골며 잘 때 보면 영락없는 집시였다.

　내가 본래 마초 같은 남자라서 세상에 무서울 게 별로 없다. 우리나라에서 제일 무섭다는 놀이기구를 두 팔 들고 탄다. 귀신은 애초에 믿지도 않아서 공동묘지에서도 잘 잔다. 스키를 멋지게 타지는 못하지만 어지간한 스키장 패트롤보다 빨리 달린다. 그렇게 겁이란 게 없는 사람인데, 딱하나 무서운 게 물이다. 가슴 위로만 물이 차도 벌써 근육이 경직된다. 숨안 쉬고 물에 둥둥 뜨기는 잘 뜨지만 키 넘는 물에 가면 완전 바보가 된다. 그래서 수영은 늘 키높이 이하에서만 한다. 평생 고쳐지지 않는다. 수영을 잘하는 큰딸이 저만큼 깊은 데 들어가 나를 놀리며 수영을 즐겼다. 나는 겸연쩍지만 거기까지는 절대 안 가고 키높이 이하 아이들 노는 곳에서 스노클링만 한다. 수경을 벗고 물가로 나갈 때 사람들이 비웃는 걸 모르는건 아닌데, 물이 무서워 절대 모험을 하지 않는다. 그래도 즐거웠다.

　그날의 즐거움은 딱 거기까지였다. 이국의 해변을 만끽하고 행복한 기분으로 짐을 챙겨 공영주차장에 주차해놓은 렌터카로 돌아왔다. 내가 막 차문을 열려는 찰나, 아내가 놀란 눈으로 나한테 손짓을 했다. 아내가 가리키는 곳은 차 뒷문 좌측 쪽창. 손바닥 두 개만한 쪽창이 깨져 있었다. 순간 모든 장면이 정지했다. 황급히 차 문을 열어보니 문이 잠겨 있질 않았다. 나는 급히 차 트렁크를 열었다. 노란 가방이 없다. 아무것도 없다.

두 시간 전, 해변 주차장으로 들어가기 전에 귀중품 보관을 어떻게 해야 할지 잠시 고민했다. 바르셀로나 해변은 아름답기만 한 것이 아니라 각종 도난사고로도 악명이 높은 곳이었다. 더구나 전날 마드리드에서 넷이 뻔히 보고 있는 앞에서 휴대폰을 도둑맞지 않았나. 소매치기가 들끓는 해변 모래사장에 여권과 귀중품을 모두 가지고 가서 해수욕을 즐길 수는 없는 일이었다. 크게 안심이 되지는 않았지만 그래도 공영주차장에 제대로 주차해놓은 차 안에 귀중품을 넣어두고 필요한 것만 가지고 해변으로 가자는 것이 내 생각이었다. 게다가 만일 우리 가운데 누구 하나의 여권만 없어져도 결국 네 사람이 같이 움직여야 하는 터이니, 차라리 여권을 모두 모아 한 가방에 넣고 밖에서는 보이지 않도록 트렁크 맨 안쪽에 놓아두는 게 안전할 것 같아서 그렇게 했다. 그런데 흡사 우리 생각을 누가 들여다보기라도 한 것처럼, 차 안 다른 물건은 손 안 대고 트렁크만 뒤져 귀중품을 모아놓은 노란 가방만 가져갔다. 그것도 벌건 대낮, 사람이 많이 다니는 주차장에서 멀쩡한 차 창문을 박살내고. 그 안에는 현금 1,400유로와 여권 세 개, 스페인 이케르네 가족에게 줄 고급 수제 핸드백, 화장품, 충전기, 지갑, 국제면허증 등 우리 여행에 필요한 가장 중요한 자산과 필수품이 모두 들어 있었다. 아뿔싸⋯⋯ 계란을 한 바구니에 담지 말랬는데⋯⋯.

우리는 여행의 초입에 모든 걸 잃고 말았다. 후회해도 소용없고, 그 넓은 해안에서 도둑을 찾는다는 건 한강 백사장에서 바늘 찾기였다. 어쨌거나 우리가 할 수 있는 최선은 경찰서에 이 상황을 신고하는 일이라고 생각했다. 바르셀로나 해변은 카탈루냐 지방에 속해 있었고, 가탈루냐 경찰서를 찾아 신고를 해야 했다. 어렵사리 경찰서를 찾았다. 경찰서에 들어가려는데 친절한 스페인 중년 남자가 우리 행색과 부서진 차를 보고 짐작했는지 우리에게 말을 걸었다. 친절한 그 중년이 하는 스페인 말을 소연이가 통역했다.

"분명 루마니아인 짓일 거야. 요즘 부쩍 이런 사고가 많아. 렌터카를 몰고 온 너희 동양인은 해변에 들어오는 순간부터 군침 도는 표적이 됐을 거야. 너희가 해변에 나타날 때부터 루마니아인 여러 명이 너희만 보고 있었을 거야. 이 경찰서에서는 오늘 하루 다 지나도 사건 접수하기 힘들어. 좀 더 큰 경찰서로 가야 해. 그리로 가서 리포트를 작성해야 해."

심지어 잘 생기기까지 한 친절한 스페인 중년 신사 덕분에 우리는 좀 더 큰 경찰서를 찾을 수 있었다. 경찰서 옆 공터에 내가 주차를 하고 막 경찰서로 들어가려는데 아내가 잠깐 보자고 한다.

"여보, 소연이가 방금 먼저 경찰서 문 안으로 들어갔는데, 막상 들어가고 나서 생각해보니까 자기 교환학생 비자가 사흘 전에 만료돼서 오늘 현재는 불법체류자래. 애는 이미 안에 있고, 어쩌면 좋아?"

"헉! 그게 무슨 말이야?"

"비자가 만료돼도 자기는 이번 여행 끝날 때 터키로 출국했다가 한국으로 귀국할 거라서 나가는 방향으로는 며칠 지나도 상관없기 때문에 신경 안 썼대."

"그럼, 저 경찰서 안에서 애를 불법체류자라고 문제 삼으면 못 나올 수도 있겠네?"

"그러게…… 지금은 제 발로 들어간 소연이가 더 걱정하고 있어."

이제 잃어버린 여권이나 현금이나 귀중품은 더 이상 문제도 되지 않았다. 스스로 걸어들어간 바보 딸을 스페인 경찰이 잡아 가두지만 않았으면 좋겠다는 것이 우리의 소원이 됐다. 그렇게 딸은 경찰서 유리문 안에 갇혀 있고, 우리는 유리문 밖에서 손짓 발짓으로 상황에 대한 대처를 의논하고 있을 때였다. 못생긴 경찰이 경찰서 측면 공터에 주차해놓은 내 차를 빼라고 했다. 거기엔 일반 차량을 주차하면 안 되는 곳이라고 했다. 그래서 내가 차를 빼서 다른 공영주차장에 차를 옮기고 다시 경찰서로 왔는데, 이번에는 소연이를 조사하던 잘생긴 경찰이 '그 차는 피해 차량이라서 검사를 해야 하니 차를 가져와서 지하 1층에 대라'고 했다. 하는 수 없이 다시 열심히 뛰어가 차를 빼서 지하 1층에 주차했다. 차를 주차하고 내리려고 했더니 아까 그 못생긴 경찰이 다시 와서 "왜 또 경찰서에 주차를 하냐. 공영주차장으로 가라"고 말하며 차를 빼란다. 다른 경찰의 지시로 그랬다고 사정을 이야기했는데도 막무가내로 차를 빼란다. 알고 보니 그 못생긴 경찰은 영어를 전혀 못 알아듣는 경찰이었다. 나도 영어가 서툰데 그쪽도 영어를 못하니, 도무지 소통이 힘들었다.

"다른 폴리스맨이 이 차 여기로 가져와야 된대."

"무조건 안 돼. 여기서 나가."

"아니라니까 그러네. 여기 있어야 된대두."

"너 패스포트 줘봐."

"없어."

"패스포트 내놔."

"봐, 이 차 유리창 박살났지? 도둑이 훔쳐갔다니까?"

"패스포트도 없고, 너 도대체 뭐야?"

이렇게 오버액션을 최대한 동원한 보디랭귀지를 하다가 부서진 창문을 자세히 보여주려고 내가 차에서 내리자 그 못생긴 경찰은 허리춤의 권총에 손을 갖다댔다. 여차하면 뽑을 기세였다. 외국영화에서 익히 보았던 장면이 생각났다. 검문에 응하던 용의자가 임의로 차에서 내리다가 총을 맞은 사실을 기억해냈다. '헉. 이러다 무슨 테러범으로 몰려 총 맞겠다' 싶었다. 나는 황급히 알았다고 끄덕이고 다시 차를 뺐다. 하는 수 없이 아까 그 공영주차장에 차를 두고 다시 경찰서로 올라갔다. 주차 시간만 무려 한 시간이 소요되고 있었다. 조사실로 올라가니 소연이가 조사를 받고 있었다. 다행히 조사를 받는 자리에 나의 동석이 허락됐다. 잘생긴 경찰이 소연이의 여권을 살펴보았지만 피해자라고 생각해서 비자 기간까지는 확인을 하지 않았는지, 아니면 보고도 며칠 안 된 것이라 그냥 넘어간 건지 모르겠지만, 어쨌거나 문제 삼지 않았다. 무신론자인 내가 신앙인이 되고 있는 걸까. 나는 또다시 속으로 외쳤다. '하느님, 감사합니다!'

잘생긴 경찰관은 내게 차를 가져왔느냐고 했고 나는 소연이에게 자초

지종을 말했다. 소연이가 하는 통역을 듣고 경찰관은 이해하겠다고 끄떡이더니 마저 조사를 진행했다. 우리는 A4 용지 여섯 페이지 분량이 되는 빡빡한 리포트를 함께 작성했다. 리포트에는 사건 경위와 손해 물품에 대한 모든 사항이 적시됐다. 이 리포트가 우리 여권이 재발급될 때까지 임시로 우리가 범죄자가 아님을 입증해줄 거라 했다. 긴 리포트를 작성하는 동안 경찰과 소연이는 영어와 스페인어를 함께 써가며 작업을 했고, 나는 영어일 때만 그것도 이따금씩만 둘의 이야기를 알아듣고 반응하거나 대답하거나 했다. 조사 받는 내내 많은 감정이 교차했다. 생전 처음 딸아이에게 의지하고 보니 '나 혼자서 이런 상황이었으면 말도 안 통하고 정말 곤란했겠다'는 생각이 아빠인 나를 초라하게 했다. 그러나 그보다는 딸에 대한 대견함과 자랑스러움이 더 컸다. 이런 비상상황에 여유를 갖고 웃으며 이국의 경찰관과 리포트를 작성할 수 있을 만큼 성장한 딸이 많이 대견스러웠다.

경찰서를 나와 숙소로 가기 위해 차를 탔다. 잃어버린 노란 가방과 그 분실로 인해 앞으로 감당해야 할 많은 일들이 머리에 떠올랐다. 당장 내일 마드리드로 돌아가 대사관을 찾아가야 하는 건지, 그렇게 우리 여행의 전반부가 엉망이 되어도 되는 건지, 프랑스에 예약한 숙소들은 이미 결재를 해서 환불도 어려울 텐데 어찌해야 되는지, 머릿속이 복잡했다. 그때 소연이가 내게 물었다.

"근데 아빠, 우리 오늘 예약한 구엘 공원도 못 갔고, 바르셀로나 하나도 못 봤는데, 그냥 숙소로 가?"

"맞아, 그리고 배도 고파."

막내가 거들었다.

나는 속으로 웃음이 터졌다. 이렇게 큰일을 겪었고, 조금 전까지만 해도 불법체류자로 감금될 뻔했고, 돈도 다 털려 거지가 되었는데, 아이들은 좀더 놀다 가자고 하는 거였다.

"그래, 여보. 기왕 이렇게 된 거, 어디 가서 밥이나 먹고 갑시다."

얼씨구, 아내까지. 나는 속없는 세 모녀의 천진난만한 제안에 실소가 났다.

"그래, 그러자. 우리에게 열두 척의 배는 없지만, 아직 한 장의 신용카드가 남아 있잖니. 어디로 갈까?"

"아빠, 가는 길에 보케리아 시장이 있어. 바르셀로나에서 제일 큰 시장인데, 구경도 하고 먹을 것도 많고. 거기 해산물이 끝내줘."

'이미 벌어진 일에 대한 후회로 새로운 시간을 낭비하지 말자'는 생각은 오래전부터 우리 가족에게 가훈과도 같은 말이었다. 그리고 정말 세 모녀는 언제 무슨 일이 있었냐는 듯이, 시장 구경하러 가잔다. 어쩌면 정말 이것이 우리 가족의 역사를 지탱해온 가장 큰 힘이 아니었을까 싶었다.

시장 근처 주차장에 주차를 하고 시장 구경을 했다. 정말 보케리아 시장에는 없는 게 없었다. 과일가게가 있었고, 그 과일들을 작은 큐브처럼 잘라 일회용 플라스틱 컵에 담아 파는 가게가 있었다. 얇게 저며내어 말린

고기인 하몽들, 커다란 게를 중심으로 한 해산물들이 끝도 없이 펼쳐져 있었다. 시장 구경을 하자는 건 아빠를 유인하기 위한 술책에 지나지 않았다. 세 모녀는 시장에 들어서자마자 주린 배를 채우기 위해 눈빛을 번뜩였다. 접시에 해산물을 가장 풍성하게 담고 있고 사람들이 가장 많이 몰린 가게 앞에 멈춘 세 모녀는 메뉴판을 들고 비좁은 자리부터 확보했다. 우리는 현금이 없었으므로, 신용카드 사용이 가능한지부터 물어봤다. 5유로 이상은 가능. 저녁을 먹을 건데 5유로가 대순가, 50유로도 더 쓸 판에. 천만다행으로 이번 여행을 위해 만든 신용카드 한 장만은 혹시나 하는 마음으로 노란가방이 아닌 내 옷 주머니에 넣어두었었다. 그 카드마저 없었다면 우리의 이번 여행은 물리적으로 불가능했을 터였다.

"아빠, 해산물이 좋아 보이는데 좀 비싸네."

"한국보다 더 비싼걸?"

"여보, 어떻게 할까, 다른 거 먹을까?"

"먹어, 아껴서 이백만 원 도둑놈도 줬는데, 실컷 먹어. 걱정은 한국 가서 하자. 소연아, 저 잘생긴 오빠한테 먹고 싶은 거 다 달라고 해."

가장의 마음을 아는지, 시장의 천장 위로 세차게 소나기가 쏟아지고 있었다.

그렇게 우리의 바르셀로나 관광은 끝났다. 예약해놓은 구엘 공원에는 가보지도 못했다. 여권과 현금과 귀중품을 모두 잃어버린 우리는 암담했다. 숙소로 가는 차 안에서 아내가 그랬다.

"근데 정말 웃겨, 스페인 사람들은 자기들이 본 것도 아니면서 다들 루마니아인 짓이래."

"그러게. 루마니아인들 좀 억울하겠는데? 진짜 그들의 짓인지는 몰라도."

"하하하, 그래도 그 경찰이 소연이 불법체류자라고 구속하지 않은 게 어디야? 난 정말 앞이 캄캄했다구."

"그럼그럼, 불법체류자가 체포되지 않고 경찰서에서 걸어 나왔으니 그걸로 됐어."

우리 부부가 대화하는데 아이들이 끼어들었다.

"아빠, 아까 그 스페인 중년신사 정말 멋지지? 자기 일처럼 오랫동안 도와줬잖아."

"맞아, 오늘 그 사람 아니었으면 두 배로 고생했을 거야."

"심지어 잘 생겼어. 실베스터 스텔론하고 비슷하게 생겼더라."

"구엘 공원은 좀 아쉽다."

"다음에 바르셀로나 또 오라는 신의 계시가 아닐까?"

이렇게 우린 잃어버린 귀중품과 여권에 대해서 우울하게 이야기하지 않기로 말없이 서로에게 약속하면서, 좋았던 점, 그래도 다행스러웠던 점을 이야기하며 수다꽃을 피웠다. 그 도둑은 여행에 필요한 모든 자산을 한방에 털어갔지만 우리 가족 특유의 초긍정 마인드까지 가져가진 못했다. 마드리드에서 당한 소매치기 사건은 우리 여행에 노정된 고난을 알리는 예고편이었고, 바르셀로나에서 당한 차떼기 절도는 단지 첫 번째 사건일 뿐이었다. 여행 초입에 모든 걸 잃어버린 우리 가족이 수많은 난관을 헤치고 무사히(?) 여행을 마칠 수 있었던 비결은 무엇보다 우리 가족이 위기마다 꺼내든 '무한긍정 마인드', 바로 그거였다.

캠핑 퐁 드 아비뇽

아비뇽 거리

아비뇽 광장

아비뇽 로글

아비뇽 팔피

어젯밤에 이어 아침까지도 우리는 논쟁을 계속했다. 아내는 일정과 숙소예약이 모두 헝클어지는 한이 있어도 대사관이 있는 마드리드로 돌아가자고 했고, 나와 소연이는 예정대로 프랑스 국경을 넘자고 했다. 어제 바르셀로나 해변에서 도난당한 여권 때문이었다. 세 명은 여권이 없었고, 소연이는 여권은 있으나 비자가 만료된 불법체류자 신분. 사고가 없었다면 예정대로 지금쯤 프랑스 국경을 넘어 아비뇽으로 가고 있어야 했다. 유럽은 한 나라 같아서 국경을 넘을 때 여권을 보자고 하지 않는다고 알고 있었지만, 실제로 항상 그럴 거라고 믿기는 어려웠다. 운전 중 검문이라도 당하면 여권조차 없는 무면허 운전이 될 터였다. 20일 동안 한 번도 경찰을 만나지 않는다는 보장이 필요한 상황이었다. 우파인 아내는 물론이거니와 좌파인 나와 소연이까지도 주장과는 달리 내심 겁먹고 있었다(하연이는 이렇게 난처한 경우 자주 중도파다).

논쟁의 와중에도 우리가 해결해야 할 일은 한둘이 아니었다. 모두가 다 그 노랑가방 때문이었다. 어젯밤에도 계속 소연이 계좌에서 찔끔찔끔 돈이 인출되고 있었다. 빨리 인터넷을 통해 잃어버린 카드들의 정지 처리가 완료된 건지 확인해야 했고, 현금이 하나도 없으니 은행을 찾아 신용카드로 돈을 인출해야 했다. 깨진 창을 수상하게 보는 경찰에게 검문당할 수도 있었고 추가 도난 위험도 있으니, 렌터카 업체와 연락해서 차도 바꿔야 했다. 충전기가 없어졌으니 충전기도 사야 했고, 하다못해 하연이 튼 입술에 바를 립밤도 사야 했다. 노랑가방의 존재감은 시간이 갈수록 더해만 갔다. 다행히 우리 식구는 논쟁과 처리만 했지 아무도 짜증이나 원망은 하지 않았다. 더구나 천만다행으로 이번 여행에 맞춰 만들어놓은 신용카드 한 장만은 도난을 피할 수 있었던 게 얼마나 큰 위안인지. 그래서 우리는 유럽 어딜 가나 돈을 펑펑(?) 찾아 쓸 수 있었다. 뒷감당은 나중에, 한국에서 할 걱정일 뿐이었다. 만일 그 신용카드조차 없었다면 집으로 무사히 돌아올 수 있었을까. 인근 마을을 통과하던 중 마을 사랑방인 듯한 노천카페를 발견했다. 카페 옆에 마침 은행도 보였다. 그곳에서 간단히 아침을 먹고 인터넷으로 일도 처리하고 은행 돈도 뺄 수 있겠다 싶어, 잠시 커피타임을 갖기로 했다.

　우리 가족은 샌드위치와 커피를 시켰다. 여행지에서 전 재산(?)을 잃은 가족치고는 참 행복한 얼굴로 이국에서의 브렉퍼스트를 즐겼다. 아직 이른 아침인데도 동네 노인 몇이 혼자들 앉아 우리처럼 샌드위치와 커피를 들고 있었다. 날씨는 더없이 쾌청하고, 시골마을이라서 다니는 차도 거의 없었다. 그야말로 한적한 스페인 시골마을의 아침을 우리는 누리고 있었다. 바로 그때 목발을 한 동양인 노인이 옆 테이블 노인과 반갑게 인사하며 자리를 잡는다. 힐끔 보니 한국인 같았다. 중국인과 일본인과 한국인은 외양만으로는 정확히 구분하기 어렵다. 그러나 왠지 내가 보기엔 영락없이 한국인 같은데, 외지인은 아니고 이곳에서 사는 노인인 듯했다. 아니나 다를까, 우리가 나누는 한국어 대화를 듣자마자 노인이 우리 자리로 왔다.

　"한국 사람이네요? 한국의 관광객이 이 시골까지 오는 경우는 없는데,

어쩐 일로 여길 왔소?"

"네, 반갑습니다. 저도 한국 분이지 싶었는데……. 이렇게 외국에서 동포 어른을 뵈니 반갑네요. 저희는 가족여행 중인데 어제 바르셀로나 관광하고 숙소를 멀리 잡아서 여기까지 왔네요. 근처에서 잤습니다."

노인은 자기가 30년 전에 태권도 사범으로 스페인에 왔다고, 고생 끝에 정착을 했고 얼마 전 교통사고를 당해 목발을 짚고 있노라고, 이 동네 30년 살아서 토박이라고, 한국에서 고향은 고양시라고 자신의 내력을 설명해줬다. 마침 우리 두 딸이 현재 고양시에 살고 있다고 설명하니 더 반가워했다. 이런저런 정담을 나누던 중, 나는 노인께 우리 논쟁에 대한 자문을 구하는 게 좋을 것 같다는 생각에 우리 고민을 털어놓았다. 바르셀로나 도난 사건과 그로 인한 여권 분실, 큰아이의 비자만료 상황을 모두 설명하고, 오늘 렌터카 교체하는 대로 프랑스 국경을 넘으려 하는데 문제가 없겠냐고 물었다.

"안 돼, 요즘 불법이민자들이 많아서 국경에 경찰들이 있어. 백인들은 그냥 통과시키는데 동양인은 검문을 해. 여권이 없거나 불법체류자라면 당장 문제가 되지. 안 돼."

괜찮을 거라고 빡빡 우겨대던 좌파의 가슴이 콕 찔렸다. 우파는 당장 그거 보라는 듯이 좌파들을 향해 매섭게 눈을 째린다. 이제 어쩔 수 없이 마드리드로 돌아가 대사관엘 가야겠다고 체념하고 있는데, 소연이가 노인께 스페인 경찰서에서 작성한 리포트로는 안 되겠냐고 물었다. 리포트를 건네받고 자세히 읽던 노인이 묻는다.

"혹시 프랑스에서 잘 곳이 예약되어 있나?"

"네, 모든 숙소가 다 예약돼 있어요."

"증명도 가능한가?"

"네, 숙소예약 내용이 다 저장돼 있어요."

"그래? 그럼 가능하지. 여권을 도난당했다는 리포트가 잘 작성돼 있고, 거주지가 분명히 증빙되면 봐줄 거야. 국경 넘어가도 되겠어."

노인이 답을 바꾸자마자 좌파는 어깨를 펴고 미소를 짓고, 우파는 다시 근심어린 얼굴이 됐다. 어쨌든 스페인 시골마을 노인은 우리가 계획한 여행을 완수하도록 하는 데 더없이 큰 도움을 주셨다. 다소 겁이 나는 건 사실이었지만, 우리 가족은 프랑스 국경을 넘기로 했다. 가는 길에 바르셀로나 아비스 렌터카 대리점으로 가서 창문 깨진 이비자(폴크스바겐 소속 스페인 브랜드 소형차)를 돌려주고 두 번째 렌터카로 폴크스바겐을 받았다.

아무 생각 없이 운전했다면 그게 국경인 줄 몰랐을 거다. 스페인과 프랑스, 프랑스와 포르투갈, 유럽의 모든 나라들은 고속도로로 연결돼 있고 국경은 그냥 톨게이트처럼 보였다. 그냥 톨게이트를 통과하는 줄 알았는데, 옆에 경찰차가 있고 프랑스 경찰 몇 명이 수다를 떨고 있었다. 지레 속으로 겁이 났지만 이런 때일수록 태연해야 한다고 스스로를 타일렀다. 왼손으로 턱을 괴는 척 구레나룻에 흐르는 땀 한 방울을 훔치며 정속주행으로 경찰차 옆을 지났다. 다행히 그들 중 누군가가 배꼽 잡을 간밤의 영웅

담을 풀어놓았는지 수다 떨고 웃느라 동양인 가족이 지나가는 차를 세우지 않았다. 여행이 끝난 지금도 잘 모르겠다. 그때 프랑스 경찰이 우리를 세웠다면, 여권 없이 입국하는 우리를 그냥 뒀을지, 불법체류자인 소연이는 괜찮았을지, 우리 여행은 과연 안녕할 수 있었을지, 지금도 잘 모르겠다. 하지만 어쨌든 우리는 환호성을 지르며 델마와 루이스처럼 프랑스 고속도로를 내달리기 시작했다. 얏호, 가자 아비뇽으로!

세계사에 무식한 나이지만 학창시절 교과서에 나오는 '아비뇽 유수'라는 말은 기억한다. 옛날 아주 옛적에 교황들이 힘이 없을 때 로마로 못 가고 아비뇽에 남아 교황청 살림을 했던 때가 있었다는 정도로만 알고 있었다. 그 교황이 클레멘스 5세를 비롯하여 일곱 명이었으며, 아비뇽을 품고 있는 이 강이 론 강이라는 것, 한때 프랑스가 이 땅을 팔아 교황령이 되었다가 1791년 다시 프랑스에 통합되어 프랑스 땅이 되었다는 건 아비뇽에 와서 자세히 알게 되었다. 뭐 그랬거나 말거나 내겐 별 감흥이 없었는데, 그보다는 온 도시가 유적처럼 고풍스런 이곳에도 각종 메이커나 유명 마트가 밀집해 있다는 게 더 신기했다. 시가지 주도로가 좁아 주로 일방통행으로 이루어진 아비뇽 시가지 안에서 카르푸 매장을 찾았다. 아내가 저녁은 닭볶음탕을 해 먹자고 했다. 우리는 잽싸게 생닭과 부식을 사서 론 강 건너편에 있는 캠핑장으로 향했다. 금강산도 식후경이랬는데, 금강산도 아니고 아비뇽쯤이야 내일 보기로 하고 론 강 다리를 건넜다. 강은 참 아름다웠다. 강폭도 크거니와 수천 년 애절한 사연을 담고 있는 초록색 물색이 예사롭지 않았다. 강 가운데 세 개의 아치만 남고 무너진 다리가 있었는데 그 다리가 유명한 '생베네제 교'라고 했다. 무너진 다리와 초록색 론 강 위로 아비뇽을 품에 안고 서서히 기울어지는 해가, 어딘지 모르게 애절했다.

다행히 유럽은 해가 길어서, 해 지기 전에 론 강을 건너 강변에 있는 아비뇽 캠핑장에 들어갈 수 있었다. 해는 지지 않았지만 우리가 도착한 시간은 규정보다 많이 늦은 시각이었다. 차단막이 내려져 있어서 차를 캠핑장 안으로 가져갈 수 없었다. 차를 캠핑장 밖 주차장에 두고 트렁크를 끌고 예약된 54번 사이트를 찾아갔다. 우리가 예약한 숙소는 두꺼운 비닐 천막으로 만들어진 투룸 텐트였다. 방 두 개와 주방겸 거실로 구성된 이 텐트는 전체 면적이 여섯 평쯤 되는 아담한 텐트였지만 우리 가족이 하루 지내는 데는 불편해 보이지 않았다. 더구나 우리 가족은 20년 전부터 캠핑으로 단련된 가족. 이 정도면 우리에겐 호텔이나 마찬가지였다. 숙소의 가격은 일박에 52유로, 우리 돈 6만 7천원으로 저렴했다. 텐트 안에는 일회용 침대 커버와 베개 커버가 인원수만큼 비치되어 있었고, 기본적인 취사가 가능하도록 취사도구들이 잘 정돈돼 있었다. 텐트 앞면 뒷면 측면을 모두 말아올려 개방할 수 있었고, 창문마다 모기장이 있어서 벌레 들어올 염려도 없었다. 큰딸아이는 어떻게 이렇게 번번이 다양한 숙소를 실패 없이 예약할 수 있었을까. 딸아이가 숙소예약에 심사숙고했기 때문이기도 했지만, 어릴 때부터 캠핑을 해온 경험의 산물일 수도 있었다.

우리 가족의 캠핑 사랑은 유별났다. 내가 처음 '오토캠핑'을 배운 건 아직 그런 용어가 유행하기도 전인 20년 전 남양주 마석으로 이사하면서부터였다. 서울 사당동 까치고개에서 갓 태어난 막내를 포함해 네 식구가 낡은 집 이층에 세들어 살았었다. 까치고개는 교통정체가 극심했다. 정체된 도로에서 뿜어져 나오는 매연 때문에 아이들은 항상 누런 콧물을 달고 살았다. 출퇴근길이 좀 멀어져도 외곽으로 나가 아이들을 좋은 환경에서 키우고 싶었다. 전세금을 빼서 남양주 마석으로 가니 대출을 끼고 조그만 아파트를 살 수 있었다. 그때부터 우리 가족의 전원생활이 시작됐다. 그 후 십수 년 동안 그곳에서 살며 우린 더없이 만족스럽고 행복했다. 그 남양주 시절을 더 행복하게 해준 게 캠핑이었다. 마석은 한걸음만 나가면 자연이었고, 차 타고 조금만 나가면 양수리니 청평이니 양평이니 하는 명소들이었다. 어느 휴일에 가평 물가에서 미군 군속인 백인가족과 흑인가족이 오토캠핑 하는 걸 보았다. 재밌어 보여 그들에게 다가갔더니 맥주 한 캔을 나눠주었다. 함께 '치어스!'를 하며, 오토캠핑이 얼마나 재밌고 유익한 여가 문화인지 배우게 됐다. 그때부터 나는 매주 휴일이면 가족들과 함께 캠핑을 나갔다.

나는 캠핑 예찬론자다. 캠핑이 다른 취미생활보다 좋은 건 가족 간에 이루어지는 대화가 캠핑의 주된 내용이기 때문이다. 한 번은 아끼는 직장 후배에게 캠핑을 권유하기도 했다

"캠핑을 해. 자네 애들이 좋아할 거야. 캠핑장 가면 할 게 없잖아. 모닥

불 피워놓고 맛난 것 먹으며 할 일이 뭐겠어. 대화밖에 없잖아. 자연히 애들하고 많은 이야길 하게 돼. 부모 자식 간에 대화를 하는 집에 애들이 잘 못되는 경우는 없어. 하루라도 빨리 시작해. 아이들은 금방 커. 자네를 기다려주지 않는다고."

요즘 사람들처럼 고가의 텐트와 주방용품들을 구매하고 시작했던 것도 아니다. 달랑 7만 원짜리 텐트와 2만 원짜리 의자 네 개, 타프도 화롯대도 없이 캠핑을 다녔다. 요즘엔 장작도 캠핑장에서 한 포대에 만 원 받고 팔지만, 우리 가족은 모든 걸 자연에서 구했다. 톱 하나 들고 아이들을 앞세워 야산에 올라가면 부러져 마른 나무가 지천이었다. 내가 나무를 잘라 놓으면 아이들이 단풍잎 같은 손으로 나무를 주워 제가 감당할 만큼 안아서 텐트로 옮겼다. 휴일에 집에서 아이들에게 들볶이는 게 싫었던 아내도 캠핑을 좋아했다. 그러나 아이들 시험기간에조차 캠핑을 나가자고 졸라대는 철없는 남편과 아내는 자주 다투기도 했다. 그럴 때마다 남편은 다수결로 하자(당연히 아이들은 내 편이다), 캠핑장 가서 공부하면 된다, 어려서는 공부 잘 못해도 된다, 잘 노는 게 똑똑해지는 거다, 라면서 강짜를 부렸다. 실제 캠핑장에 가서 테이블 위에 시험공부 책을 쌓아놓은 적도 있었지만 공부가 될 턱이 있나. 아이들이 중학교 진학하고 캠핑장엘 자주 못 가게 되자 나는 많이 아쉬웠다. 그런 내게 아이들은 "아빠, 우리 후회 없이 논 거 같아. 놀 만큼 놀았다구"라며 아빠를 위로했다.

캠핑 사랑은 거창에 와서도 이어졌다. 전원주택을 지어놓고 살면서,

사는 일상이 이미 캠핑이면서, 무슨 캠핑을 또 다니냐고 하는 사람들도 있었지만, 살림은 살림이고 캠핑은 캠핑이었다. 집안에서도 들판과 산과 시시각각 달라지는 계절을 구경하는 게 가능했지만 일상을 벗어나 모르는 곳에 정박을 하고 소꿉장난 같이 밥을 지어 모닥불을 피우고 기타를 치고 안주를 만들어 먹는 재미를 포기할 수 없었다. 게다가 아내는 평생 시부모를 모시고 살고 있었으므로 한 달에 한두 번은 시부모로부터 떠나 온전히 자신만의 삶으로 돌아갈 수 있도록 배려하는 것도 남편인 내가 신경 써줘야 할 일이었다. 거창에 와서는 우리 캠핑이 한 단계 진화했다. 평생 부러워만 했던 캠핑카를 얻게 된 것이다.

시골에서 텃밭농사를 지으며 살다보니 이런저런 일로 자꾸만 트럭이 필요했다. 처음 집을 지을 때 사람들이 마당에 잔디밭을 넓게 해놓으면 매일 잔디를 관리해야 하므로 일이 너무 힘드니 파쇄석을 깔라고 했었다. 그래서 마당 반쯤에는 파쇄석을 깔았는데 여름이면 돌들이 달구어져 더위를 부추겼다. 잘 알지도 못하고 아는 척한 충고를 내가 곧이들은 죗값으로, 더운 여름을 더욱 덥게 지냈다. 한 여름이 지나고 나니 잔디밭이 답이라는 사실을 경험으로 깨달았다. 파쇄석은 더위를 부추기고, 그렇다고 그냥 마당으로 두면 잡초들이 무성해져 더 많은 손길을 필요로 했다. 시골에서의 삶은 잡초와 날벌레와의 기나긴 싸움이라지 않는가. 그에 비해 잔디밭은 한번 조성해놓으면 그리 손 갈 일이 없었다. 관리를 많이 하지 않아도 어느 정도 이상으로는 무성해지지 않았고, 한 달에 한 번쯤이나 예초기 작업을 하면 그런대로 깔끔하게 유지되었다. 마당이 데크와 만나는 경계에는 모기를 쫓는다는 허브 메리골드를 심었더니 진짜 모기가 사라졌다. 파쇄석을 어느 정도 걷어내고 그 위에 마사토를 두껍게 까는 마당공사를 해야 했다. 마당공사는 돈이 많이 드니 트럭만 있으면 내가 흙을 사다가 쉬엄쉬엄 공사를 할 수 있겠다 싶었다. 텃밭 농사를 하면서 이런저런 일로 늘 트럭이 아쉬웠는데, 이참에 중고 트럭을 구입하기로 큰마음을 먹었다. 그런데 중고 트럭을 산다고 생각하니 머릿속에 떠오르는 그림이 있었다. 얼마 전 출장길에 보았던 분리형 캠핑카가 떠오른 것이다. 1톤 트럭에 분리형 캠퍼를 얹어놓은 캠핑카였는데, 평소에는 캠퍼를 내려놓고 트럭으로 쓰다가 캠핑 갈 때 캠퍼를 얹어 결박을 하면 단번에 캠핑카로 변신하는 다목적 캠핑카였다. 이거다 싶은 마음에 아내에게 지름신의 계시를 전달했다.

"여보, 우리 트럭이 필요했잖아, 이번에 트럭을 사서 내가 마당공사를 해보려고 해. 근데 트럭 사는 김에 내가 전에 말했던 캠퍼까지 사면 어떨까."

"미쳤어, 이양반이. 중고 트럭이야 필요하겠지만 캠퍼라니 우리 형편에. 못해도 이천만 원은 줘야 할 텐데."

"생각해봐. 손님들 왔을 때 잘 방이 없다고 몇 평짜리 사랑채를 짓자고 했잖아. 다섯 평만 지으려고 해도 천오백은 들 거야. 내가 인터넷에서 캠퍼를 싸게 만드는 집을 알아뒀는데 천삼백이면 만들어준대. 트럭으로도 쓰고, 캠핑카로도 쓰고, 평소엔 사랑채로도 쓸 수 있으니 일석 삼조 아니냐구?"

내가 생각해도, 당시 아내를 조를 때 발휘했던 설득력은 감탄스러웠다. 경제적 부담에 아내는 강력히 반대했지만, 일석삼조라는 내 말을 흘려듣지 않았다. 주변 친한 사람들에게 남편의 철부지 같은 조름질에 대해 푸념을 했을 테고, 경제적 부담을 함께 하지 않아도 되는 친구들이 무어라 했을지는 뻔했다.

"맞네, 자기네 사랑채도 필요하다고 했잖아. 한 달에 몇 번이라도 집을 벗어나서 기분전환 할 수 있고, 왜 반대를 해, 나 같으면 얼른 하겠다."

아내가 찬성으로 돌아섰고, 우리는 마이너스 쪽으로 잔고를 늘리면서 캠퍼를 구입했다. 처음에 반대를 했던 아내는 우리의 첫 캠핑카를 보고는 정말 좋아했다. 내가 '모비딕'이라고 이름 지은 캠핑카는 돈값을 톡톡히 했다. 캠핑카를 구입한 후 우리는 한 달에 두세 번씩 캠핑을 떠났다. 지붕 위에 태양광 패널이 있어서 겨울에도 전기를 쓸 수 있으니 캠핑이 가능했다. 캠핑카는 자유를 뜻했다. 힘든 일상에 쉼표를 주는 캠핑카에 대한 사랑은 나보다 아내가 더했다. 아내는 틈만 나면 싸구려 잡화점에서 이런저런 장식과 소품들을 사서 캠핑카를 꾸몄고, 밤이면 '집시맨'이라는 캠핑카 여행 프로그램을 단골로 시청했다.

그렇게 어려서부터 캠핑으로 단련된 소연이니, 캠핑장을 고르는 안목도 남달랐을 터였다. 아비뇽 캠핑장의 캠핑 텐트는 아주 흡족했다. 우리가 텐트에 짐을 풀고, 한편으로 저녁 준비를 하는 동안 해가 저물었다. 투룸 텐트 안 식탁 위에 오늘의 주메뉴인 닭볶음탕과 와인, 그리고 한국에서부터 공수해온 반찬들을 세팅했다. 아내는 여행을 떠나기 전에 가족이 먹을 부식을 꼼꼼히 준비했었다. 마치 해외여행을 숱하게 다녀본 사람처럼 반드시 필요한 것들이 무엇인지 아는 척했다. 사실 우리 가운데 아내가 해외여행 경험이 제일 적었다. 그런 아내에게 '유럽에도 이런 거 다 있는데 뭐 하러 촌스럽게 바리바리 싸가느냐'고 잔소리를 여러 번 했다. 내가 더 가져가자고 주장한 건 딱 하나, 소주뿐이었다. 그 소주도 여행 며칠 만에 다 마셔버렸다. 막상 유럽을 다녀보니 한국식품 마트는 찾기가 쉽지 않았다. 찾았다 해도 주차 한 번 하는 게 보통 어려운 일이 아니어서 좀더 준비해 오지 않은 걸 후회하기 일쑤였다. 아내에게 말은 못하고 속으로 많이 반성했다. 좀더 싸오게 그냥 둘걸. 역시 아내 말 잘 들으면 자다가도 떡이 생기는 것을……. 아내가 준비한 고추장볶음, 김, 김치통조림, 볶은김치는 여행 막바지까지 우리와 함께 했다. 유럽 음식이 맛이 없다며 궁시렁대는 내게는 보물과 같았다. 스페인과 프랑스 남부, 포르투갈을 여행하는 동안 아침 점심은 해먹거나 만들어 먹고 저녁 한 끼는 현지 음식 먹는 걸 원칙으로 했다. 물론 원칙이 꼭 지켜진 건 아니지만, 전체적으로는 그렇게 해서 식비를 많이 절약했다(그 절약한 식비를 바르셀로나 도둑놈이 알뜰히 쓰고 있었지만). 아침을 할 때 넉넉히 해서 먹고 남은 밥은 김밥을 만들거나 김가루를 섞은 주먹밥을 만들어 점심때 먹었다. 스페인 프라도 미술관에서도 구경을 하고 나와 미술관 옆 나무그늘에 앉아 김밥을 먹었고, 프랑스 보르도에서도 성당 옆 그늘에서 주먹밥을 먹었다. 아내는 현명하게도 단무지와 게맛살과 우엉이 함께 들어 있는 김밥재료 세트를 여러 개 준비해 왔고, 이 재료들로 김밥을 여러 번 만들어 먹었다. 우리는 그때마다 아내와 엄마의 선견지명에 탄복했다. 유럽의 음식들은 대개 빵과 말린 육포, 야채, 샐러드 등을 간단히 소스에 볶거나 얹어 먹는 것이었다. 워낙 재료들이 좋아 먹을 만은 했는데 우리나라 음식처럼 여러 가지 재료가 서로 섞여 깊은 맛을 내거나 발효된 것이 거의 없었다. 몇 끼니 먹고 나니 유럽 대중음식에 곧 질렸다. 역시 음식은 우리나라 음식이 최고. 회사에서 며칠 해외 출장을 가면 억지로라도 현지 음식을 먹곤 했는데, 20일이라는 긴 시간 동안 유럽 음식을 먹고 있자니 그 맛이 그 맛이라서 금세 지겨워졌다. 그나마 스페인 시장에서 먹었던 해물요리나 포르투갈에서 먹었던 문어밥 정도는 맛있었는데, 가성비까지 생각하면 만족스럽지 않았다. 그래서 우리 가족이 툭하면 찾은 곳이 가성비 좋고 매콤한 중국 음식점이었다. 다행히 캠프에서의 저녁요리는 아내가 해준 닭볶음탕. 우리는 남은 소주와 와인을 다 꺼내놓고 안전하게 프랑스로 진입한 우리 여행을 자축하면서 늦도록 술을 마셨다. 다행히(?) 우리 식구 넷은 모두 술을 마셨다. 막내는 술을 즐기지는 않는데 함께 마시길 주저하지는 않는다. 가족들과 술을 마시면 서로가 많은 이야길 한다. 쉽게 못했던 묵은 이야기도 하고, 이해를 구하는 이야기도 하고, 함부로 발설하기 어려웠던 미래에 대한 이야기도 한다. 우리 가족이 잘하는 게임이 있다. 이름하여 '그랬구나' 게임이다. 술래가 그동안 말하지 못했던 비밀이나 감추어야 했던 사실들을 털어놓으면 듣는 사람들은 모두 '그랬구나'만 해야 하는 게임이다. 술래의 진술에 대해 비난하거나 화를 낼 수 없다는 게 게임의 유일한 규칙이었다. 특히 막내 하연이가 '그랬구나' 게임을 좋아했다. 워낙 평소에 무얼 잘 잃어버리고 사고가 많았던 하연이 였으니까. 하연이는 고등학교 3학년 때 LA공항에서 여권과 비행기 티켓을 화장실에 두고 나오는 기함할 일을 저지른 적도 있었는데, 아빠한테 이실 직고하기 어려웠던 그날의 황당한 실수도 '그랬구나' 게임을 통해 보호받 았다. 가족들과 마시는 술만큼 맛난 술자리가 또 있을까. 어두워져가는 론 강가 캠핑장에서 우리 가족의 정다운 술자리가 깊어지고 있었다.

다음날 아침 본격적으로 아비뇽 시내를 둘러보기 전에 유럽에서는 처음인 캠핑장을 돌아보기로 했다. 유럽의 캠핑장 시설이 대부분 잘 돼 있다고 들었지만, 실제로 보니 생각보다 더 좋았다. 캠핑카 사이트들도 많고, 우리가 묵었던 곳 같은 가설 텐트동 자리도 많았다. 캠핑장 내 간선도로를 따라 관리사무소 가는 길 좌측에는 수영장이 있었다. 캠핑장을 이용하는 고객들에게는 시설 사용이 무료였다. 수영장은 관리가 잘 돼 매우 깨끗했고, 풀도 넓었다. 풀 한쪽에는 인공 수로가 있었는데 어른 한 사람이 수영을 하며 흐르는 물을 따라 360도 회전 수로를 돌 수 있도록 만들어져 있었다. 더구나 내 마음에 딱 드는 건, 이 풀의 어느 곳도 깊이가 내 키를 넘지 않는다는 것. 마치 나를 위해 만든 수영장 같았다. 가족들은 아비뇽을 제쳐두고 풀장으로 뛰어들었다. 우리는 회전물을 뱅뱅 헤엄치며 물놀이를 했다. 물론 내 얼굴에는 스노클링 수경이 씌워 있었다.

　캠핑장 체크아웃 시간은 오전 열한시. 짐을 꾸려 캠핑장을 나왔다. 캠핑장에서 론 강가로 나가니 캠핑장과 아비뇽 사이 론 강을 왕복하는 페리선이 있었다. 이 배는 캠핑장 고객들이 멀리 있는 다리로 우회하지 않고 아비뇽 시내로 바로 들어갈 수 있게 해줬다. 고마운 배려였으며 바라보기만 했던 아름다운 론 강을 잠깐이나마 배를 타고 건널 수 있다는 기쁨이 추가되는 일이었다. 배는 삼십분에 한 번 정도씩 왕복을 하는데, 강 양쪽에서 배가 떠나고 정박하는 게 보였다. 짧은 운항이었지만 유럽에서 페리를 타게 되리라고는 생각지 않고 있었으므로, 우리 가족에게는 생각지 않은 기쁨이었다. 아비뇽 시내의 길은 비교적 협소했고 그래서 대부분의 차도는 일방통행으로 돼 있었다. 골목길들은 대부분 아이보리 색깔로 통일돼 있었다. 아비뇽의 따뜻함이 배가되는 색깔이었다. 중심에 교황청이 있고, 교황청 인근 광장에 사람들이 가장 많았다. 역사적인 도시라는 선입견이 무색하게, 젊은 사람들이 꽤 많이 다녔다. 아내와 아이들 말로는 이곳 사람들의 패션이 스페인과 달리 깨끗하면서도 세련됐다고 했다. 여행 중 그런 일이 별로 없었는데, 노점 앞에 선 세 모녀가 팔찌를 구경했다. 팔찌 세 개를 묶어 1유로를 깎아서 구입했다. 역시 프랑스여서 그런지 물가가 비쌌다. 길옆 예쁜 상점들 중에 비스킷 가게엘 들러 처음 맛보는 비스킷도 사고 크로와상 두 개와 바게트, 그리고 커피를 샀을 뿐인데 세 명 점심 식사비용을 초과하는 비용을 지출했다.

아비뇽 관광을 마치고 다시 페리를 타고 론 강을 건너 차로 가기 위해 다시 선착장으로 왔다. 아비뇽 성곽의 토대를 이루는 높고 경사진 풀밭에 앉아 페리를 기다리는 동안 아비뇽에서 산 빵과 포도로 점심을 먹었다. 아래로 론 강이 내려다 보였고, 우리를 태울 페리는 강 건너편에서 손님을 싣고 있었다. 이제 아비뇽을 떠날 시간. 아쉬운 마음으로 바라봐서일까? 생 베네제 교가 단절된 다리의 애상을 온몸으로 보여주고 있는 것 같았다. 이 다리 위에서 춤추고 노래하는 유명한 프랑스 전래동요가 있다고 해서 음원사이트에서 검색하니 바로 나왔다. 다리 자체는 애절했으나, 동요는 밝고 경쾌한 리듬이었다.

Sur le pont d'Avignon   아비뇽 다리 위에서

Sur le pont d'Avignon	아비뇽 다리 위에서
On y danse, on y danse	우리는 춤을 춘다, 춤 춘다
Sur le pont d'Avignon	아비뇽 다리 위에서
On y danse, tous en rond	우리는 춤을 춘다, 둥글게
Les beaux messieurs font comme ça	멋진 남성은 이렇게 하고
Et puis encore comme ça.	또 한번 더 이렇게
Sur le pont d'Avignon	아비뇽 다리 위에서
On y danse, on y danse	우리는 춤을 춘다, 춤 춘다

Sur le pont d'Avignon	아비뇽 다리 위에서
On y danse, tous en rond	우리는 춤을 춘다, 둥글게
Les belles dames font comme ça	아름다운 여성은 이렇게 하고
Et puis encore comme ça.	또 한번 더 이렇게
Sur le pont d'Avignon	아비뇽 다리 위에서
On y danse, on y danse	우리는 춤을 춘다, 춤 춘다
Sur le pont d'Avignon	아비뇽 다리 위에서
On y danse, tous en rond	우리는 춤을 춘다, 둥글게
(후략)	

" 이번에는 어떤 차 줄까? "

아비뇽을 떠나 다음 숙소 툴루즈 사이에 있는 카르카손에 들렀다. 기원전에는 카르카소라고 불렸고 한때 로마 제국의 식민시가 되었던 곳이다. 오드 강을 경계로 왼쪽에는 13세기에 조성되었다는 상가들이 있고, 오른쪽에는 5세기쯤 서고트족이 만들었다는 시가지 '시테'가 중세의 향기를 물씬 풍기는 성벽에 둘러싸여 있었다. 멀리서 보았을 때 디즈니 만화영화에나 나올법한 아담하고 예쁜 성이어서 진짜 사람이 살 것 같지 않았고, 관광객들을 위한 영화 세트장이 아닌가 싶었다. 그러나 성 안에 들어가서는 내 생각이 틀렸다는 걸 금방 알았다. 생각보다 성 내부가 넓어서 마을 하나가 통째로 성 안에 들어가 있었다. 알고 보니 카르카손은 유럽에서 가장 아름답고 큰 성채도시였다. 특이하게도 이 성 안에는 또 하나의 내부 성이 있었다. 마치 〈반지의 제왕〉 미나스티리스성 공성전에 나오는 모습과 같았다. 오크들이 쳐들어와 성 문과 벽을 부수고 성 안으로 밀려들자 마법사 간달프가 외부 성을 포기하고 내부 성으로 후퇴하라고 지시하던 장면에서 본 그 이중성 말이다. 이 성 내부와 외부는 각기 다른 시대에 건축되었다. 내부 성벽은 서고트족 왕 외리크 1세가 485년에 건설하였다. 그 후 1125년 경 성벽 안에 '콩탈성'이 세워졌고, 13세기 초 루이 9세 때부터 필리프 3세 때에 걸쳐 탑, 망루 등 외부 성벽이 만들어졌다. 19세기 중반에는 대성당과 성벽을 재건했다.

카르카손의 성과 시가지 '시테'는 이번 여행 가운데 본 최고로 아름다운 성채도시였다. 성 밖에서 성으로 진입하는 입구인 '나르보네즈 문' 밑에는 성을 에워싸고 있는 도랑이 있는데, 물은 모두 말랐다. 도랑을 강물이라고 말하기엔 너무 좁고 얕았다. 옛날에는 도랑에 항상 물이 흘렀을 것이다. 성 안에서 성문을 내려 도랑 위로 걸쳐주지 않으면 외부인이 성으로 진입할 수 없도록 한 것이다. 성 안으로 들어가면 마을로 올라가는 경사도로가 있다. 마차 한 대 지나갈 만한 그 길이 주도로다. 도로 바닥은 주먹만한 사각형 돌들이 빼곡히 박혀 있었는데, 수백 년간 사람들이 밟고 다녀서인지 반짝거리며 햇살을 밀쳐냈다. 대부분 돌 색깔이 회색 대리석 빛깔이었는데, 군데군데 주황색이나 검정색이 끼어 있어 다채로웠다. 길 양옆에는 각종 상점들이 즐비한데, 상점들 모양과 간판, 장신구들이 하나같이 너무 예뻐서 상점 자체가 관광 상품으로 보였다. 마을 중심으로 가는 길은 계속 경사진 오르막이었고, 경사지 끝에 다다르니 마을 이쪽 저쪽으로 나뉘는 교차로가 있었다. 툴루즈로 가는 시간이 바쁘지만 않았다면 근처에서 하루 묵으며 꼼꼼히 살펴보고 싶은 성이었다. 아쉬움을 뒤로 하고 걸음을 재촉해 성에서 내려와 큰길로 나왔다. 우리가 주차한 곳까지는 20분쯤 걸어야 했다. 길을 걷고 있는데 파란색 오픈카 한 대가 연신 클랙슨을 울리며 도로를 질주했다. 저만큼 가서는 회전교차로를 빽 돌아 다시 오고가고를 반복했다. 청년들은 프랑스 국기를 흔들며, 호루라기 같은 걸 불어댔다. 클랙슨을 미친 듯 누르고 차량 흐름을 방해하고 있는데도 길거리 행인들은 화를 내지 않고 웃으며 손을 흔들었다. 프랑스가 오늘도 월드컵에서 이긴 게 틀림없었다. 그러고 보니 아까 시테로 올라가는 길 카페나 레스토랑에서 프랑스인들이 심각한 얼굴로 TV 앞에 몰려 있었던 걸 보았다. '좋겠네.' 2002년 그 화려했던 시간들이 주마등처럼 스쳐 지나갔다. 프랑스 청년들이 부러웠다. 월드컵 승리도 부러웠고, 열정 하나로 펄펄 뛰는 청춘들이 부러웠다. 한때 나도 삼성동 테헤란로를 누비며 대한민국을 연호하며 펄펄 날았지.

카르카손을 떠나 목적지인 툴루즈로 가는 중간쯤, 주유를 위해 휴게소에 들렀다. 주유도 주유지만 다른 나라 고속도로에서 몇 시간씩 운전하다 보면 긴장감에 쉽게 피로해진다. 프랑스에서 처음 들르는 휴게소였다. 카르카손을 떠나면서부터 잠에 취한 세 모녀는 휴게소에 도착해서도 계속 잠을 잤다. 조수석에 앉은 소연이만 잠시 깨어났다. 소연이는 좁은 차 안에서 구겨져 자다보니 온몸이 결린다고 했다. 그런 소연이가 안쓰러워, 잠시 차 밖에서 편히 자라고 휴게소 잔디밭에 면포를 깔아줬다. 소연이는 졸린 눈을 하고 차에서 내려 잔디밭에 쓰러졌다. 그러고는 정말 3초도 지나지 않아 깊이 잠들었다. 나도 한숨 자려고 소연이 옆에 누웠다. 프랑스 휴게소는 참 한적하고 넓었다. 우리나라처럼 끝도 없는 주차장은 보이지 않고 차량 십여 대가 있을 뿐이었다. 곳곳에 잔디밭과 나무와 꽃들이 화사했다. 눈을 감았다. 나야말로 어디서든 머리를 땅에 대면 3초면 잠이 드는 사람인데 이상하게 잠이 오지 않았다. 감은 눈 위로 햇살과 나뭇잎이 교대로 밝은 돌과 어두운 돌이 되어 까르르 굴러갔다. 나를 처음 보았다고 프랑스 새들이 지저귄다. 누군가 차 문을 닫고 시동을 켜는 소리가 멀리서 파도처럼 밀려왔다가 흩어졌다. 끝내 잠은 오지 않았다. 30분쯤 그러고 있다가 일어나 기지개를 켰다. 천천히 움직여야겠다고 생각하고 소연이를 깨우려 했는데, 너무 잘 자고 있었다. 밀짚모자로 얼굴을 덮어쓴 딸은 새근새근 옅은 숨을 쉬고 있었다. 딸아이의 신발을 보았다. 샌들 바닥이 얇아질 대로 얇아진 샌들은 낡은 끈이 오늘 끊어져도 이상할 것이 없었다. 딸의 발뒤꿈치는 온통 굳은살이었다. 저 얇은 샌들을 신고 도대체 몇 개국의 도시와 산과 강과 바다를 쏘다녔는지 굳은살이 잘 말해주고 있었다. 내 딸이 아니라 한비야가 옆에서 자는 줄 알았다. 샌들을 새로 사 줘야겠다고 생각했다.

스페인도 그랬지만 프랑스 주유소도 모두 셀프 주유기만 있었다. 조심조심 경유와 휘발유를 구분해서 주유를 했다. 주유를 하고 나서 휴게소로 들어가 카운터로 갔다. 주유기 번호를 말하면 카운터 직원이 몇 유로라고 알려주고 카드를 받아 계산을 했다. 스페인과 프랑스는 물가 차이가 많았다. 물이며, 과자며, 음식이며 모두 최소 1.5배는 되는 듯했다. 그러나 기름값은 어딜 가나 큰 차이가 없었다. 우리나라나 스페인이나 프랑스나 모두 비슷했고, 모두 비쌌다. 배를 가득 채운 폴크스바겐의 액셀을 밟고 다시 고속도로로 나섰다. 한 시간 반 정도 더 가면 툴루즈일 터였다.

휴게소를 떠난 직후였다. 그러니까 고속도로로 다시 진입해서 1킬로미터쯤 달리고 있는데 갑자기 차가 쿨렁거렸다. 처음에는 그러다 말겠지 했는데, 점점 쿨렁거림이 심해지더니 급기야 말을 탄 것처럼 요동이 심해졌다. 다시 잠에 취할 준비를 하던 세 모녀가 놀란 눈으로 나를 봤다. 막내 하연이가 '아빠, 이건 또 무슨 일이지?'라며 걱정을 했다. 사실 지금까지 우리 여행을 돌아보면 하루는 너무 좋고 하루는 끔찍한 고생을 하는 징검다리 주기가 반복돼왔기 때문이다. 나는 황급히 차를 갓길에 세우고 일단 시동을 껐다. 그때 순간적으로 머리에 스치는 불길한 생각이 있었다. 아까 주유를 할 때 들었던 생각인데…… 설마 그런 일은 아니기를 간절히 바라며 다시 키를 돌려 시동을 걸었다. 모든 계기판에 불이 들어왔다. 들어오지 말아야 할 등까지 모두. 뭔가 아주 이상했다. 정작 엔진에 시동은 걸리지 않았다. 시동이 안 걸린다는 건 우리가 폴크스바겐으로 툴루즈에 갈 수 없음을 의미했다. 또한 내가 자동차 수리의 달인은 아니었으므로, 보닛을 열거나 말거나 관계없이 프랑스 고속도로에서 견인차를 불러야 함을 의미했다. 그러나 툴루즈 일정에 문제가 생긴다든지, 견인차를 불러야 한다든지 하는 문제는 중요한 일이 아니었다. 만일에…… 만일에…… '그것만은 아니겠지'라고 생각했지만 내가 휴게소에서 혹시나 하고 걱정했던 그 일이 벌어진 거라면, 우리는 엄청난 재산 피해를 각오해야 했다. 어쩌면 이번 여행 내내 행복보다는 걱정과 한숨과 후회를 하며 지내게 될 것이었다. 만일 내 걱정이 현실이 된다면 우리는 바르셀로나의 악몽보다 더 큰 위기를 맞게 될 것이었다.

휴게소에서 주유를 할 때 셀프 주유구가 네 개 있었다. 하나는 Diesel이라고 씌어 있었고 두 개는 Plomb95, Plomb98이라고 씌어 있었다. 그리고 마지막으로 Gazole이라고 씌어 있었다. 우리는 바르셀로나에서 유리창이 깨진 스페인 승용차 이비자를 돌려주고 두 번째로 폴크스바겐을 받았다. 내가 차를 받으면서 영업 직원에게 'Is this gasoline car?'라고 물었는데 그 직원이 그렇다고 대답했던 것 같다. 주유구 넷 중 명백히 경유인 디젤은 아니니까 제외하고, 처음 보는 Plomb들은 모르니까 제외하고, 당연히 Gazole을 선택해주유했었다. 스페인에서는 Gasolina였지만 프랑스니까 스펠링이 조금 다른 것이 당연했다. 그렇게 조심해서 정상적으로 주유를 했는데, 지금 차에 나타나는 현상은 휘발유와 경유를 혼유했을 때 나타나는 현상으로 보였다. 휘발유 차에 경유를 넣거나 경유차에 휘발유를 넣었을 때는 절대 시동을 걸지 말고 그대로 차를 견인하여 정비소에서 기름을 빼고 세척을 해야 한다. 우리가 독극물을 잘못 먹었을 때 병원에서 위세척을 하는 것과 같다. 급박한 상황에서 나는 안간힘을 써서 추리했다. '내가 얼핏 보고 대충 넣은 것도 아니고 분명히 확인해서 가솔린을 넣었다. 일부러 확인하며 넣었으니 거기엔 실수가 있을 수 없다. 그런데 이 차는 혼유로 인한 증세를 보인다. 그렇다면 내가 아비스 영업사원에게서 차를 받을 때 물어봤음에도 불구하고 내가 받은 차가 가솔린차가 아닌 디젤차라는 건가?' 도무지 이해할 수 없는 상황이었다. 어찌 되었든, 원인이 무엇이든, 분명한 건 우리가 한국도 아닌 프랑스 고속도로에서 오도가도 못하게 되었다는 사실이었다.

비상조치가 필요했다. 프랑스 고속도로는 제한 최고속도가 시속 130

킬로미터라서 차들이 모두 빨리 달렸다. 이런 속도로 다니는 차들이 고장 난 우리 차를 뒤에서 추돌하는 경우 큰 사고가 날 수 있었다. 어떠한 경우라도 가장 큰 문제는 가족의 안전이었다. 나는 당황해 하는 가족들에게 황급히 가드레일 밖으로 대피하라고 소리쳤다. 다급해하는 가장의 지시에 세 모녀는 가드레일을 넘어 밖으로 물러났다. 그러나 가드레일 밖은 엉겅퀴 같은 잡풀들과 가시나무 관목들이 엉켜 있어 피신하기에 전혀 마땅치 않은 곳이었다. 그래도 하는 수 없었다. 차 안에 있던 트렁크를 내려주고 트렁크를 의자 삼아 앉아 있으라고 하고, 나는 차 안을 뒤져 형광색 X밴드를 상의에 둘렀다. 견인차를 불러야 했는데 마침 고속도로 관리 차량이 우리 차를 보고 다가왔다. 소연이가 그들에게 차가 고장났다고 말했고, 그들은 SOS를 했느냐고 물었다. 우리는 렌터가 업체에 전화를 하고 있다고 말했다. 고속도로 관리차량은 '그럼 됐다'는 식으로 반응하며 우리 곁을 떠났다. 그러나 렌터카 업체와는 통화가 어려웠다. 근 30분간 통화를 시도하고서야 통화가 됐다. 우리 상황을 이야기하자 업체에서는 고속도로에 비치된 SOS 전화기를 찾아 신고하라고만 했다.

하는 수 없이 우리 차량의 위치에서 나는 오던 길로, 소연이는 반대방향으로 걸어가며 SOS 긴급전화기를 찾기 시작했다. 내가 500미터쯤 걸어가다 전화기를 발견했다. 전화를 걸었더니 프랑스 말로 답한다. 서툰 영어로 상황을 설명했지만 알아듣질 못했다. 하는 수 없이 다시 500미터를 걸어와 까마득히 걷고 있는 소연이를 불러 세웠다. 소연이가 다시 500미터를 거슬러 올라오길 기다려 소연이와 함께 다시 500미터를 걸어가 긴급전화로 견인을 요청했다. 소연이가 영어와 스페인어로 간신히 도움을 요청하는 데 성공했다. 우리가 다시 차 있는 곳으로 오는 동안 견인 차량이 도착했다. 바람까지 거셌던 프랑스 고속도로를 우리가 얼마나 걸었는지 계산해보지는 않았다.

견인차 기사도 영어 사용자가 아니었지만 견인에 영어가 필요하진 않았다. 우리는 모두 견인차 트럭에 타고 어딘지 모를 곳으로 실려 갔다. 조금 가다보니 우리처럼 고장 난 차량 앞에서 쩔쩔매고 있는 프랑스인 아줌마와 여자아이가 있었다. 견인차 기사가 이들의 신고까지 같이 처리하는 듯했다. 우리 차는 업고 그 차는 끌고 사람들은 모두 견인트럭에 태우고 견인차는 10분 남짓 달려 이름 모를 톨게이트를 빠져나가 정비소로 우릴 데려갔다. 그동안 소연이는 계속 프랑스 친구와도 이야기하고 아는 지인에게 물어도 보며 도대체 일이 왜 그렇게 된 건지 알아보고 있었다. 그리고는 결국 소연이가 인터넷을 통해 답을 찾았다. 프랑스에서는 경유를 Gazole이라고 한단다. 맙소사. Gazole이 경유라니! 그럼 그 옆에 있었던 디젤은? 디젤도 경유, Gazole도 경유, 우리가 바라던 휘발유는 Plomb였다. 젠장.

프랑스에 오는 동양인들, 특히 한국 사람들이 현지에서 렌트를 하게 되면 렌터카 업체에서 반드시 주지시키는 주의사항이 있단다. Gazole은 경유이니 절대 혼동하지 말라고. 우리가 프랑스에서 렌트를 했다면 우리에게 이러한 불행은 없었을 것이다. 불행히도 우리는 스페인에서, 그것도 온라인으로 렌트를 했기에 그러한 주의사항을 전해들을 수가 없었다. 나로서도 불가항력인 상황이었지만 허탈감이 컸다. 나중에 알게 된 일이지만, 주유를 할 때 기름이 잘못 들어갔다고 알아채고 바로 견인조치해서 세척을 하게 되면 그리 큰 손해를 입지 않고 차를 수리할 수 있다. 우리 돈으로 십만 원 정도의 수리비로 해결할 수 있다. 그러나 일단 시동이 걸리고 우리처럼 상당 거리를 주행한 차의 엔진은 버려야 한다고 들었다. 폴크스바겐 엔진을 바꿔야 한다니. 인터넷을 검색해보니 일반 차량도 천만 원가량의 수리비가 든다고 했다. 폴크바겐이라면 2천만 원? 어쩌면 우리 가족의 유럽여행 총 경비보다도 많을지도 모르는, 가늠조차 되지 않는 수리비 걱정으로 머릿속이 복잡해졌다. 내 마음을 아는지 아내가 내 손을 꼭 잡고 위로했다. '그래도 위험한 고속도로에서 아무도 다치진 않았잖아, 괜찮아.' 이렇게 스스로를 달래며 해가 지는 이국의 붉은 저녁하늘을 바라보았다.

당연히 수리는 불가능했다. 렌터카 업체에서는 우리를 데리러 자신들이 와야 하지만 근무시간이 모두 종료되어 사람이 없다며 대신 택시를 불러주겠다고, 우리 숙소가 어디냐고 물었다. 우리는 툴루즈에 숙소를 예약해놓았으므로 툴루즈까지 가야 했다. 30분쯤 지나 렌터카 업체로부터 부탁을 받은 듯 견인차 기사가 정비소 근처 맥도날드 매장 앞으로 우릴 데려다 줬다. 자신은 퇴근을 해야 하니, 매장 앞에서 기다리면 우릴 데리러 택시가 온다고 말했다. 뜻하지 않은 사고로 모두가 힘들고 시장했으므로 아이들은 햄버거를 사달랬다. 아이들이 햄버거를 사는 동안 렌터카 회사가 보낸 택시가 도착했다. 택시는 다시 고속도로 톨게이트로 나가 툴루즈로 향했다. 가는 도중 세 모녀는 잠도 못자고 택시 미터기만 보고 있었다. 택시요금이 우리 돈으로 20만 원을 넘어 30만 원에 육박하고 있었다. 세 모녀는 엄청난 택시비를 걱정하며 진땀을 흘리고 있었다. 셋 다 평생 타본 택시비를 다 합친 것보다 많이 나오는 택시비에 당황하고 있었다. 그러나 폴크스바겐 수리비를 생각하고 있는 내게 택시비는 껌이었다.

"걱정하지 마. 택시비는 우리가 부담하지 않을 거야."

"설마. 그럼 이 많은 택시비를 렌터카 회사가 부담한다고?"

믿기지 않는 듯 아내가 말했다.

"만일 우리가 내는 거라면 요금이 얼마 정도 나오는데 괜찮겠냐며 우리에게 물어봤겠지."

택시는 툴루즈에 도착했고, 우리가 택시비에 대해 묻자 택시기사는 신경 쓰지 않아도 된다고 했다. 다행이었다. 그러나 한편으로 이 택시비를 일단 렌터카 업체가 부담하고 결국에는 우리에게 청구할 거라는 생각도 들었다. 렌트 시에 보증금 300만 원을 걸어놓은 게 있으니 렌터카 업체가 이 돈을 회수하려 한다면 어렵지 않을 일이었다.

한밤중이 돼서야 툴루즈에 도착할 수 있었으니, 툴루즈 숙소의 주인도 우릴 기다리며 자기 볼 일을 못 봐 많이 애가 닳았다. 오면서 소연이가 통화를 하긴 했지만, 수정한 도착예정 시각보다도 더 늦었다. 우리가 문 앞에서 전화를 하자 근처에서 친구들과 술 마시고 있던 주인이 바로 나와주었다. 그날은 프랑스가 우루과이를 꺾고 월드컵 4강에 진출한 날이었으니, 우리를 기다리며 친구들과 축배를 들고 있었던 게 틀림없었다. 의과대학에 다니는 학생이라고 자신을 소개한 주인은 우리가 몹시 힘들었을 거라며 동정심을 표현했다. 잘생긴 만큼 예의 바르고 좋은 청년이었다. 그리고 그가 평소 지내는 그의 원룸은 정말 깨끗하고 멋진 집이었다. 피아노도 있고 스케이트보드도 있고, 침실 쪽으로는 두터운 양털 카펫도 깔려 있었다. 화장실도 깨끗하고 주방용품들이 모두 빛났다. 꼭대기층이라는 이점을 살려 설치한 듯 커다란 천창도 있었다. 아침이면 햇살이 방 전체에 퍼질 듯했다. 힘든 하루의 끝에 만난 숙소 주인과 정갈한 집이 고된 하루를 위로해주었다. 피아노를 마음대로 쳐도 괜찮다는 말을 남기고 의대 청년이 나간 뒤 하연이는 피아노를 뚱땅거렸고, 소연이와 나는 오늘 하루의 악몽을 지우기 위해 다시 와인병을 땄다.

툴루즈는 '장미의 도시'라는 별명으로 불렸다. 툴루즈에서 생산하는 붉은 점토로 건물들을 건축해서 건물들이 대부분 붉은 빛을 띠고 있어서 그렇게 불린다고 했다. 그 덕분에 툴루즈의 석양은 특별히 아름답다고 한다. 노을빛과 도시의 붉은 기운이 더해져 황홀한 장밋빛을 연출한다는 건데, 아쉽게도 우리는 전날 고속도로 견인사고를 당해서 계획과는 달리 툴루즈의 석양을 보지 못했다. 사실 전날의 석양을 놓친 것 외에도 툴루즈에서 계획한 오늘 하루 일정은 거의 다 무산될 예정이었다. 두 번째 렌터카인 폴크스바겐을 잃었기 때문에 오늘 세 번째 렌터카를 받으러 예정에 없던 렌터카 영업소 방문이 필요했기 때문이었다. 특히 프랑스 남부 최고 걸작이라 할 수 있는 생제르맹 성당도 우리가 놓쳐야 할 곳이었다.

아내와 두 딸이 일어나려면 꽤나 시간이 필요할 듯했다. 악몽 같았던 어제 하루 나도 그랬지만 식구 모두가 종일 긴장 속에 떨었으니까. 다행히 툴루즈 숙소까지 도착을 했고, 착한 의대생이 빌려준 숙소가 더없이 깔끔하고 좋아서 어느 정도 피로를 푸는 데 일조했지만, 긴장과 고통을 씻어내기 위해서는 늦잠이 필요할 것이었다. 평소 같았으면 인기척을 내고 아내와 아이들을 '잠꾸러기'라고 부르며 깨웠겠지만, 이날만큼은 좀 달라야 했다.

우리 숙소는 오피스텔 5층 옥탑이었다. 창밖으로 툴루즈 거리를 내다보니, 햇살 번지는 남부 프랑스의 아침이 싱그러웠다. 생각대로 천창을 통해 따사로운 아침 햇살이 깔끔한 원룸에 고루 번졌다. 좀이 쑤셔 그냥 있을 수 없었다. 프랑스에서 크로와상을 먹고 싶다던 딸들의 말을 기억해내고는 가벼운 트레이닝복 차림으로 근처 빵집을 찾아 나섰다. 아무래도 큰 길가보다는 골목 쪽으로 가야 동네 빵집이 있을 것 같았다. 나는 방향도 알 수 없는 주택가 골목길을 산책하기 시작했다. 산책을 하다보니 낯선 골목길 산책도 재미있었다. 어디가 어딘지 모른다는 게 더 재미있었다. 길을 잃지 말아야 한다는 생각에 특징이 있는 간판만 유심히 보면서 30분쯤 하염없이 이골목 저골목을 돌아다녔다. 여행을 다니다보면 요일 감각이 무더진다. 생각해보니 토요일이었다. 그래서 그랬는지 이른 시각인데도 출근길에 바쁜 직장인보다는 종이 봉지에 삐죽 나온 바게트를 들고 다니는 사람, 애완견을 산책시키는 사람, 수다를 떨며 공원으로 가는 노부부 들이 많았다. 주택가 중심부쯤인지 동네 성당이 보였다. 지금까지 관광지에서 보았던 으리으리한 성당이 아니고 우리나라 시골 성당들처럼 아담하고 다소 후미진 성당이었다. 익숙함 때문이었는지 내 눈에는 그게 더 진짜 성당 같았다. 성당을 막 지나치려 하는데 트럭이 성당 앞 공터에 서더니 문을 열고 이것저것 물건들을 내렸다. 가만 보니 우리나라에서처럼 노점을 펼치려는 상인인 듯싶었다. 트럭 운전수가 좌판을 펼치는데, 잇달아 다른 트럭과 리어카들이 도착하면서 좌판 수가 늘어나기 시작했다. 눈치를 보니 우리나라 5일장처럼 성당 앞에 장이 서는 게 분명했다. 해외여행을 다니며 상설 시장은 더러 구경했지만 동네 5일장 같은 걸 보기는 쉽지 않았다. 잘됐다 싶어 아내와 아이들에게 전화를 했다. 아무도 받지 않았다. 아직 아무도 깨지 않았고, 아무도 일어나고 싶지 않다는 의미였다. 하는 수 없이 숙소로 되돌아오려는데 아내가 전화를 했다.

"응, 빵 사러 나왔는데, 마침 장이 서네."

"그래? 그럼 봐야지. 빵은?"

"응, 내가 사갈 수도 있지만 장이 서고 있으니까 다 같이 나와서 구경하면서 사먹으면 어떨까?"

"그래, 좋다 좋아. 준비할게."

그런데 막상 어디로 어떻게 오라고 알려줄 방법이 별로 없었다. 프랑스에서는 영어도 잘 통하지 않아, 물어보기도 어려웠다. 하는 수 없이 식구들을 인솔하러 다시 길을 되돌려 숙소로 왔다.

아내와 아이들과 함께 장이 선 성당 앞으로 다시 왔다. 사실 5일장인지 6일장인지 우리가 어떻게 알겠나. 그러나 분명한 건 상설시장이 아니고 주기적으로 열리는 임시 장이라는 거였다. 그런데 내가 숙소에 갔다가 식구들을 데리고 오는 한 시간 사이에 눈이 휘둥그레질 정도로 장이 커졌다. 어지간한 상설시장보다 더 컸고, 어디서 그렇게 많은 사람들이 나왔는지 이만저만 번잡한 게 아니었다. 그만큼 구경거리도 많았다. 장신구, 음반, 생활소품, 공구, 라이터, 하몽, 과일, 곡물, 옷가지, 모자, 지갑, 먹을거리까지 없는 게 없는 만물시장이었다. 식구들은 구경하느라 정신이 없었다. 툴루즈 시장에서 파는 소품들은 대개 우리나라 시장에서도 판매하는 것들이었지만 그 생김새나 사용법이 우리 것하고는 조금씩 달랐다. 하나하나 만져보고 흥정해보는 재미에 시간 가는 줄 몰랐다.

우리는 아침으로 시장의 길거리 음식을 사서 공원 같은 곳에서 먹기로 했다. 워낙 먹거리도 많아서 고르기 어려웠는데, 카리스마 있는 미모를 발산하고 있는 남미계 여자 앞을 그냥 지나치지 못했다. 짙은 눈썹과 하얀 치열이 돋보이는 미녀는 달인의 솜씨로 철판 위에 있는 빠에야를 뒤집어댔다. 우리는 새우를 듬뿍 넣어달라고 애교를 발산하며 빠에야를 주문했다. 빠에야 노점을 지나쳐 치즈 파는 노점에 이르렀다. 내 생전 이렇게 크고 맛있어 보이고 값싼 치즈는 처음 보았다. 주인이 추천하는 까망베르 치즈까지 사고서 근처 그랑롱 공원으로 갔다. 공원 분수대 앞에 매점과 테이블 몇 개가 눈에 띄었다. 소연이가 음료수를 사면 저 테이블에서 아침 식사를 해도 되냐고 물었는데, 인심 사나운 매점 아가씨가 거절했다. 우리는 '싫으면 관두라지' 하고 분수대 측면 잔디밭으로 갔다. 잔디밭이 더 좋았다. 햇살같이 포근한 잔디밭에 사온 음식을 내려놓고 아침을 먹었다. 참으로 평화롭고 재미난 이국에서의 휴일 아침이었다. 어제 있었던 고속도로 견인 사고도 먼 옛날 일처럼 느껴졌다.

숙소로 돌아와 짐을 챙기고 렌터카 업체에서 다시 택시를 보내준다고 한 툴루즈 맥도날드 매장으로 갔다. 아비스 렌터카 회사는 맥도날드를 좋아하는 것 같았다. 매장은 전철역 바로 앞에 있어 찾기 쉬웠다. 30분쯤 후에 택시가 도착했다. 택시를 다시 타고 툴루즈 공항에 있는 아비스 대리점으로 가서 망가진 폴크스바겐 대신 세 번째 렌터카를 받게 될 때까지 우리는 천만 원 혹은 이천만 원이 될지도 모를 수리비를 감당해야 하는 것에 마음이 아팠다. 그런데 있을 수 없는 일이 일어났다. 나로서는 불가항력이었다 해도 내가 주유를 잘못해서 생긴 일인데, 폴크스바겐 수리비를 모두 렌터카 업체에서 감당한다는 거다. 어젯밤 택시비도, 오늘 택시비도 모두. 뭐 이런 천사 같은 업체가 다 있나. 내가 인터넷을 검색 안 해보았겠는가. 주유 실수는 모두 이용자 부담이라던데. 알고 보니 우리 보험 덕분이었다. 첫날 마드리드 공항에서 예약한 렌터카를 찾을 때 직원이 물었고 소연이가 다시 내개 물었다.

"아빠, 저 사람이 보험을 일반 커버로 할 건지 풀커버로 할 건지 묻는데?"

"그래? 얼마 차이 안 날거야, 풀커버로 해."

이렇게 해서 우리는 '풀커버' 보험에 들었는데, 이 보험은 이용자의 과실로 인한 사고까지 모두 해결해주는, 말 그대로 슈퍼커버였던 거다. 대신 보험료 액수가 차를 렌트하는 총액보다 많았다. 렌트비는 50만 원인데 보험료가 60만 원이었다. 공항에서 풀커버를 결정할 때 금액에 대한 이야기를 못 들었을 게 분명했다.

"그럼 진짜로 우리가 하나도 변상하지 않아도 되니?"

"너네가 왜 그런 걱정을 하니?"

의심스러워 다시 묻는 우리에게 렌터카 회사에서 이렇게 말했다.

"이번에는 어떤 차 줄까? 닛산 어때?"

여행에는 희노애락과 위험과 갈등과 감동이 모두 다 들어 있다. 여행은 인생의 축소판이다. 다시 말하지만, 우리가 여행을 하는 이유는 한번뿐인 인생을 연습할 수 없기 때문일지도 모른다.

보이지 않아도 볼 수 있는 **보르도 대성당**

보르도 대성당

보르도 동상 재현

보르도 미니어처

보르도 주먼받

툴루즈를 떠나 보르도까지 새 렌터카 닛산을 타고 약 240킬로미터쯤 달렸다. 계획한 일은 아니었지만 이번 여행 중 공교롭게도 이비자, 폴크스바겐, 닛산 승용차 석 대를 차례로 비교해볼 수 있었다. 현대나 기아차에 익숙한 경험치를 기준으로 봤을 때 이비자는 거의 비슷한 정도의 승차감과 편의성을 가졌고, 폴크스바겐은 좀 나은 듯했으며, 닛산은 국산차보다 못했다. 이건 순전히 나의 주관적 평가다. 세 번째 받은 닛산은 주행시 잔떨림이나 소음이 다른 차들보다 심했다. 그러나 그렇다고 해서 차를 세 번이나 내준 렌터카 업체에 대한 감사함이 줄어든 건 아니었다. 더군다나 닛산은 우리 여행의 마지막을 책임져준 고마운 차였다.

우리의 다음 숙소는 보르도 외곽에 있었다. 보르도 날씨는 좀 우중충했다. 보르도 와인을 맛보라는 계시였을 텐데, 여행 일정이 빠듯한 탓에 와이너리 투어는 계획을 못해 아쉬웠다. 그러고 보면 지금까지 날씨 하나는 정말 복스러운 여행이어서, 유럽 여행 중 한 번도 비를 맞은 적이 없었는데, 보르도에서만 간간이 내리는 부슬비를 맞았다. 바르셀로나 시장에서 소나기를 만났지만 우리가 식사를 하는 동안 금방 개었다. 보르도 외곽에 있는 우리 숙소는 주변에 아무것도 없고 벌판에 커다란 차량기지만 있어서 횅한 느낌이었다. 이런 곳에 호텔이 있다는 게 의외였다. 내심 소연이가 처음으로 숙소를 잘못 선택한 것 같다고 생각했다. 하지만 정작 호텔에 입실해서는 생각이 바뀌었다. 커다란 원룸 숙소에는 킹사이즈 깔끔 침대 두 대가 있었고, 냉난방 시설을 갖추고 있었으며, 호텔다운 욕실과 정갈한 타월 및 세면도구들, 취사가 가능한 것까지 여행객을 위한 최고의 시설을 구비하고 있었다. 다시 한번 소연이의 숙소 잡는 노하우를 인정했다. 우리는 근처 카르푸에 가서 장을 보았고, 맛있는 함박스테이크를 만들어 먹었다. 유럽의 싸다는 소고기를 먹어봐야 했으니까. 스테이크 넉 장을 알맞게 굽고, 과일과 소스를 얹은 스테이크에, 보르도 와인을 곁들인 만찬으로 프랑스 남부 보르도 입성을 자축했다.

어제 궂은 날씨는 잠시 그랬던 거였다. 아침이 되자 보르도 날씨는 화창하게 바뀌었다. 프랑스 남서쪽에 위치한 보르도는 세계적으로 유명한 와인 산지였고, 와인 박물관을 비롯한 와이너리투어로 유명하지만 2천 년 전부터 발전한 수많은 문화 유적도 많은 곳이다. 2차 세계대전 때에는 프랑스 임시정부가 위치했었다. 현재는 아키텐주 정치 경제의 중심인 동시에 보르도대학과 박물관·도서관·동식물원 등이 있는 도시였다. 로마시대 궁전, 원형극장 유적, 뾰족한 첨탑 두 개가 솟아 있는 중세 고딕 양식의 성 안드레 대성당은 세계문화유산으로 유명했다. 보르도(Bordeaux)는 '물 가까이'라는 뜻으로 주변에 강과 늪지대가 많았다. 보르도 중심을 흐르고 있는 가론 강 일대는 곡류·채소·과일 생산이 풍부하고, 목축과 어업이 성하고, 정유·철강·조선 등 중공업과 화학공업도 발전해 있다. 12세기부터 15세기까지는 영국의 지배 아래 놓이기도 했고, 최근까지 포도주 수출을 중심으로 크게 번영했다.

시가지 중심에서 500미터쯤 떨어진 지하 공영주차장에 주차를 하고 광장으로 나왔다. 부르스 광장은 보르도 시가지와 가론 강이 만나는 위치에 있었고, 광장 한가운데 유명한 '물의 거울'이 있었다. 분수에서 나온 물 위로 광장을 포위한 고딕 양식의 건물들, 파란 하늘, 지나가는 구름, 관광객들의 행복한 표정과 탄성까지 모두 물의 거울에 비추어지기 때문에 불리는 이름이었다. 밤에 물의 거울에 비추어지는 야경이 또 그렇게 멋지다는데, 일정상 다음 기회에나 볼 수 있으려나 했다.

성안드레 대성당은 시내 중심가 페이 베를랑 광장(Place Pey Berland)에 세워졌다. 11세기 말에 시작된 공사가 14세기까지 장기간 이어졌고, 우리가 찾은 시점에도 일부 보수공사가 진행되고 있었다. 산티아고 순례길 가운데 한 곳이기도 한 이 성당은 중세 고딕 양식의 영향을 받은 웅장하고 화려한 건축물이다. 끝이 뾰족하게 올라간 아치 문 위에 커다란 장미창이 나 있으며 양 옆에는 탑 두 개가 하늘 높이 솟아 있었다. 세월이 켜켜이 쌓인 듯한 고색창연함과 표현하기 어려울 정도의 웅장함이 보는 이의 넋을 빼앗는다. 성당을 중심으로 광장을 한 바퀴 돌고 있는데 성당 우측 나무그늘 아래 어떤 구조물이 보였다. 배꼽 높이의 구조물 상판에 성안드레 성당과 똑같은 미니어처가 청동으로 만들어져 있었다. 너무 정교해서, 진짜 성당은 카메라 파인더에 한 번에 들어오기 어려울 정도로 컸으므로, 이 미니어처를 대신 찍어가도 될 것 같았다. 그런데 이 청동 미니어처 성당에는 건물 각 부위마다 작은 점자들이 찍혀 있었다. 나는 그제서야 그 미니어처의 용도를 알게 됐다. 맹인들을 위한 미니어처였던 것이다. 순례길에 나섰거나 관광을 온 시각장애인들에게 성안드레 성당을 보여주고자 한 성당 관계자들의 따뜻한 마음이 느껴졌다. 카메라에 다 담기지 않을 정도의 규모보다 미니어처에 담긴 작은 배려와 사랑이 내겐 더 큰 울림을 줬다.

성당을 구경하다가 '배가 고프다'고 칭얼대는 막내의 투정을 듣고서야 점심때가 된 것을 알았다. 우리는 미니어처를 지나 광장 한쪽 끝 그늘 아래 바로셀로나에서 구입한 면포를 깔고 앉았다. 오늘 아침 숙소에서 점심 끼니용으로 만들어온 주먹밥을 꺼내 먹었다. 유명 관광지에서 먹는 김밥과 주먹밥은 내용물이 달라진 것도 아닌데 어찌 그리 맛있는지 모르겠다. 맛난 점심과 후식을 먹고 있는데 엉뚱스 하연이가 광장 주변에 서 있는 동상의 모습을 재현해보잔다. 성인인지 천사인지 모를 한 사람이 다른 남성을 어깨 뒤로 메고 있고, 어깨 위의 남자가 자기를 안고 있는 천사(?)를 향해 부러진 검을 목에 겨누고 있는 다소 이해하기 어려운 동상이었는데, 그 어려운 자세를 굳이 재현하자고 했다. 결국 성화에 못 이긴 아내가 조심하라며 과도를 건넸고 나는 녀석을 번쩍 들어 아빠가 아직 건재함을 자랑해야 했고, 막내는 과도로 내 목을 겨눴고, 소연이가 촬영을 했다. 촬영이 끝난 후 나는 다음날까지 오른쪽 가슴이 결려서 혼났지만 절대 내색하진 않았다. 보르도에서의 위기는 다행히 잘 넘어갔다.

내 아이의 부모들

비아리츠 해변

나라우츠

산세바스티앙

에스테반 부부

사과즙 김밥 대구요리 스테이크

이케르를 알기 전까지 나는 스페인 안에 바스크라는 소수 민족이 오랫동안 분리 독립을 꿈꾸며 살고 있는 줄 몰랐다. 이케르를 처음 만났을 때 자기를 '바스크인'이라고 소개했다. 우리나라에서 고향이 '전라도'라고 말하는 정도로 생각했다. 알고보니 내가 많이 무식했던 거다. '바스크'는 피레네 산맥 남쪽 지방에 사는 '산사람들'이라는 뜻이다. 주민 대부분이 모두 바스크인이며, 바스크어라는 독립된 언어를 가지고 있고, 오랜 역사 동안 스페인으로부터 분리 독립을 주장해왔다. 이들은 포도 재배에 관한 우수한 기술을 가지고 있고, 빌바오 등 공업 도시도 가지고 있어 스페인 안에서도 소득 수준이 매우 높았다. 최근 카탈루냐 독립 투표와 관련해 스페인 문제가 세계인의 주목을 받고 있지만, 과거에는 바스크 역시 독립을 위한 무장투쟁까지 벌이는 등 역사적 갈등이 매우 깊었다고 한다. 이러한 사실은 모두 이케르네 가족을 알게 되면서부터 알게 된 것들이다.

큰딸 소연이가 학교에서 모집한 교환학생 프로그램에 지원한 것이 이 모든 과정의 출발점이었다. 그 전에 소연이는 대학 1년을 마치고 필리핀 소재 국내 어학원이 주관한 '학생매니저' 모집 공고에 지원하여 1년간 필리핀 어학원에서 일했다. 외국에서 영어를 배우고 싶긴 했는데 유학이나 어학연수를 보내줄 집안형편이 아니었기 때문에 소연이가 스스로 찾아낸 방법이었다. 휴학을 한 소연이는 월 30만 원의 저렴한 급여를 받으며 필리핀 수빅에서 일했다. 다행히 수빅은 경제특구라서 현지인도 신원조회 없이는 내왕할 수 없는 안전지대였다. 급여는 낮았지만 숙식과 어학공부를 제공

받는 조건이었으므로 소연이가 한 달 용돈으로 쓰기에는 크게 부족한 돈이 아니었다. 소연이는 제 힘으로 일하며 영어에 자신감을 키워갔다. 한국어를 사용하는 친구들과 있는 것도 아니고, 어학원 일을 하자니 자연히 영어를 써야만 했다. 중딩 고딩 연수생들 뒷바라지에 지쳤지만, 태풍이 불면 날아다니는 원숭이를 구경하며 일년을 보냈다. 귀국한 소연이는 듣고 말하기가 어지간히 됐고 영어에 자신감이 붙었다. 소연이는 자신이 없어 팽개쳐두었던 토익 공부를 시작했다. 한달 만에 신발 문수 성적에서 800점대로 성적이 올랐다. 일단 영어에 자신감을 갖게 되자 시간 가는 줄 모르고 집중했던 덕분이다. 토익 성적을 만들어놓은 소연이는 학교에서 공모하는 교환학생 프로그램에 지원했다. 소연이는 대학 입학 때부터 유럽을 동경했었다. 여섯 명의 경쟁자와 스페인 교환학생 티켓 한 장을 두고 경쟁했다. 최종 면접을 보고 와서는 풀이 죽어서 '모두 나보다 토익 성적이 좋고, 모두 나보다 말도 잘해'라면서 비관했다. 그러나 결과는 소연이의 것이었다. 추측컨대 오랫동안 유럽에서 공부하고 싶다는 열망으로 혼자 힘으로 여건을 만들어온 점을 심사위원들이 좋게 봐준 덕분이었다. 어쨌거나 소연이는 스페인 교환학생 티켓을 거머쥐고 신이 나서 아빠인 내게 말했다

"아빠, 돈 안 들이고 스페인 가게 됐어. 아빠도 좋지?"

"그래, 네가 너무 대견하고 고마워."

"아빠, 스페인 물가가 비싸지는 않대. 그러니까 매달 용돈은 지금처럼만 보내줘. 대신 비토리아 대학 근처에 방을 얻어줘야겠어."

"방? 학교에 기숙사 없대?"

"응, 없대. 개인이 얻어야 한대."

"아빠는 방을 얻어줄 형편이 안 돼. 니 용돈은 계속 보내줄게. 니가 알바를 하든 알아서 해."

"헉, 너무해."

"아니면 방법을 찾아봐. 교환학생이니 그 학교에서도 누군가 너희 학교로 오지 않겠어? 그 학생더러 니 동생하고 오피스텔에서 1년간 같이 살라고 해. 너는 그 학생 집으로 가고."

"으잉? 그게 가능할까? 누군지는 어떻게 알고?"

"아님 돈 벌든가."

내가 아이디어를 제공하기는 했지만 실제 소연이가 그렇게 할 줄은 몰랐다. 소연이는 페이스북을 통해 비토리아 대학에 접근해서 결국 자기 학교로 오는 이케르라는 학생을 찾아냈다. 그런데 문제는 그 학생이 남자였다는 거다. 남자를 여동생과 같은 방 쓰라고 할 수는 없었다. 소연이는 그 방법을 포기하려고 했는데 이케르가 다른 제안을 했다.

"그렇다면 너는 그냥 우리 집에 와, 내 방이 비니까. 부모님께 말씀드려봤는데 괜찮으시대."

"아냐, 그럴 순 없지. 나는 방을 못 주잖아."

"대신 내가 싸고 좋은 숙소를 구하게 니가 좀 도와줘. 그리고 휴일이나 명절 때 너희 집에 놀러갈 수 있게 해주고."

"그래? 그거야 어렵지 않지."

그렇게 해서 소연이는 일년 간 지낼 숙소 문제를 해결했다. 그 사실을 전해들은 우리 부부는 한편으로는 상황이 참 다행스럽다 싶었고, 또 한편으로는 일년 간의 기숙을 선선히 받아준 이케르네 부모가 정말 고마웠다. 그래서 이케르가 한국 왔을 때 비싸지는 않은 노트북도 사주고, 명절에 불러 함께 캠핑도 다니는 등 나름대로 편의를 제공했다. 그래서 말이 잘 통하지 않는 스페인 청년 이케르하고 퍽이나 친해지게 되었다.

캠핑을 함께 하기 위해 거창 터미널로 찾아왔을 때 처음 본 이케르는 키가 무척 컸고 다른 스페인 청년들처럼 수염을 길렀다. 쓰고 있는 모자에는 모르는 사람들을 위해서 대문짝만하게 '외국인'이라고 씌어 있었다. 우리 부부와 유럽식 빰 인사를 하기 위해서는 그 큰 허리를 절반이나 굽혀야 했다. 잘생기고 환한 청년인데, 알고 보면 많이 수줍어하고, 어린시절 친구들로부터 따돌림을 받는 등 외톨이로 힘들었다고 들었다. 그러나 지금은 스스로 글로벌한 세상으로 나와 사람들과 잘 어울리고 있으므로, 어린 시절의 이케르를 상상하기 어렵다. 역사학을 전공하는 이케르는 지적 호기심이 많고 종교와 역사, 특히 우리나라 사찰에 관심이 많았다. 이케르와 합천, 보령, 포항, 경주, 전주 등 여러 곳을 캠핑카로 돌아다녔다. 우리가 데려가준 곳 중에 해인사 템플스테이가 가장 기억에 남는다고 했다. 해인사에서는 고기를 주지 않았다고 했다.

아비뇽과 보르도를 거쳐 마당이 아름다웠던 바욘 할머니 집에서 하루를 묵고, 파스텔톤으로 화사하게 피어난 수국이 인상적이었던 비야리츠 해변을 잠시 들른 뒤, 다시 스페인 국경을 넘어 산세바스티안에 도착했다. 산세바스티안에서 이케르네 집까지는 30분 남짓이었다. 소연이와 통화한 이케르의 엄마 에두르네가 볼일이 있다며 산세바스티안에서 만나자는 거였다. 산세바스티안은 바스크 지방의 유명 휴양도시로 광활한 해수욕장이 있고, 도시 전체를 내려다볼 수 있는 야산과 전망대가 있는 관광지였다. 시간에 맞추기 위해 걷다 뛰다 반복하며 약속장소로 갔다. 목을 빼고 에두르네가 나타나기를 기다리고 있는데, 뒤에서 누가 우리를 덮치며 나타났다. 키 큰 수염쟁이 청년 이케르였다. 우린 처음 만나는 에두르네에게 어떻게 인사를 건네야 할지 반가움 반 초조함 반 준비하고 있었는데, 반가운 얼굴 이케르가 나타난 것이다. 알고 보니 에두르네는 애초에 산세바스티안에 볼일이 없었고 이케르가 마중나온다는 사실을 감추려는 '서프라이즈'였던 거였다.

스페인에서 보게 된 이케르는 또다른 느낌이었다. 어딘지 더 편안해 보였고 허접한 슬리퍼와 반바지조차 듬직해 보였다. 이케르도 오랜만에 만난 우리를 많이 반가워했다. 이케르가 마중나온 것은 산세바스티안 관광을 돕기 위한 목적도 있었다. 소연이의 설명에 따르면 산세바스티안은 유럽에서 규모 대비 미슐랭 스타를 받은 레스토랑이 가장 많은 도시이며, '핀초'로 유명한 미식의 성지라고 했다. 이케르는 우리가 핀초를 먹고 싶다고 하자, 다양한 핀초를 먹을 수 있는 핀초 전문점으로 우리를 안내했다.

스페인 음식점들은 모두 그렇게 장사가 잘 되는지 모르겠지만 식당은 발 디딜 틈이 없었다. 핀초 한 접시를 가득 채워 들고오던 아내가 옆사람과 부딪혀 접시를 쏟았을 정도로 비좁았다. 핀초는 문어나 생선살 같은 해물을 빵에 얹은 것, 말린 고기를 얹은 것, 야채나 과일을 얹은 것 등 아주 다양했다. 알고 보면 핀초는 특정 음식을 말하는 게 아니고 빵 위에 여러 가지 다양한 식재료를 얹어서 꼬치로 꽂아놓은 음식 종류를 말하는 거였다. 그리고 핀초는 몇 개까지만 맛있었다. 적어도 내 의견은 그랬다.

점심을 먹고 이케르의 안내에 따라 산세바스티안 해변을 구경했다. 유명한 해수욕장인 만큼 많은 사람들이 해수욕이나 일광욕을 즐기고 있었다. 잠시도 햇볕에 나가기 어려울 정도로 뜨거웠지만 유럽인들은 햇볕을 무서워하지 않았다. 우리나라 같으면 서로 그늘 자리를 차지하려고 앞을 다툴 텐데, 유럽의 해수욕장에서는 그늘자리가 늘 비어 있었다. 여기서도 역시 바르셀로나와 같이 아무데서나 휙휙 탈의하는 사람들을 볼 수 있었다. 너무 뜨겁기도 하고 시간 관계상 해수욕은 사양하고 이케르를 따라 산세바스티안 전망대 길을 오르기로 했다. 전망대를 오르는 길은 경사져 힘들었지만 나무그늘이 많아 해변보다 나았다. 큰 나무들과 이름 모를 풀꽃들이 가득했고, 곳곳에 고풍스런 성벽 등 역사의 잔해가 있어 고생하며 오를 가치가 있었다. 전망대에 오르자 바스크 역사를 한눈에 볼 수 있는 짧은 영화 관람실도 있어서 바스크인들을 이해할 수 있는 기회가 됐다.

이케르네 집은 바스크 지방 사라우츠 마을에 있었다. 대서양 연안과

접하여 풍광이 아름답고 사과를 많이 재배하는 곳이다. 소연이는 사라우츠 마을을 사랑했다. 소연이는 한가할 때면 사라우츠 해변에 가서 플루트를 불곤 했다. 나는 눈을 감고, 한적한 해변에서 플루트를 부는 딸을 상상해보며 그리워하곤 했다. 현관에 들어서자 이케르 부모는 물론 할머니까지 모두 우리 가족을 차례로 부둥켜 안고 오래전부터 알고 지내던 친한 사이처럼 뺨 인사를 했다. 우리들만큼 그들도 우리와 만나기를 애타게 기다렸음을 쉽게 짐작할 수 있었다. 오랜만에 소연이를 본 애완견 벨츠는 흥분해서 미친개처럼 날뛰었다.

이케르네 집은 사라우츠 마을 외곽 한적한 곳에 위치한 단독주택이었다. 똑같이 생긴 집들이 길을 사이에 두고 일정한 간격으로 지어져 있는 걸 보면, 주택단지 조성 때 분양받은 모양이었다. 현관 안에 이케르나 형들이 사용할 것 같은 자전거가 세워져 있고, 현관 우측에 주방이, 현관 앞쪽에 사치스럽지 않은 거실이 있었다. 거실 큰창을 열면 나갈 수 있는 뒷마당에는 큼직한 야외 테이블이 있었다. 한 층 넓이가 대략 스무 평 정도, 두 개 층으로 되어 있고 그리 넓지 않은 뒷마당이 있었다. 에스테반 부부와 이케르의 외할머니, 그리고 함께 사는 작은형은 동거하는 애인이 있으니 두 개 층을 쓴다고 해도 그리 넓은 건 아니었다. 주인 내외가 둘 다 의사이며, 에스테반은 스페인 최대의 와인 산지인 리오하 와인농장주의 아들이었으므로, 스페인에서는 상류층이라고 봐야 하는데, 그런 것치고는 집이 검소했다. 생각보다 여유 공간이 많지 않은 집에서 일년 간 소연이가 묵을 수 있도록 해주셨다니 더욱 감사했다.

이케르네 집뿐 아니라 내가 가본 스페인 가정집들은 대개 검소했다. 항구도시 비고의 아파트에 살고 있던 안나네는 대략 17평형 서민아파트에 가까웠다. 거실과 침실, 그리고 우리가 사용한 손님방이 전부였다. 욕실과 주방도 넓지 않았지만 안나네는 전혀 불편해하지 않는 눈치였다. 바욘의 할머니 집은 단독주택이었는데 마당이 가장 예뻤다. 스무 평쯤 되는 마당에는 강자갈이 깔려 있었고, 차고를 온통 뒤덮은 키 크고 풍성한 플라타너스가 마당 전체에 포근한 그늘을 만들어주었다. 집과 마당 경계엔 자주색 나무 벤치가 있어서, 하연이의 사진 소품이 되어주었고, 보기 드문 붉은색 수국이 터질 듯 피어 있었다. 우리는 호텔 같은 영업용 숙소보다는 에어비앤비를 통한 민박을 주로 이용했으므로, 스페인 가정집에서 돌아가는 가전제품도 보고, 마당에 어떤 꽃이 피었는지도 보고, 그들이 주방에서 어떤 도구를 이용해서 어떻게 요리를 하는지도 보고, 화장실을 어떻게 이용하는지도 보았다. 스페인 화장실에는 비데처럼 쓰는 변기에 부속된 수조가 따로 있었다. 좌변기에 부착된 비데는 한 번도 본 적이 없었고, 대부분 서민 가정에는 변기 앞에 변기처럼 생긴 밑닦기용 수조가 따로 있었다. 용변을 본 뒤 수조에 담긴 물을 이용해서 깔끔히 뒷정리를 하는 것이었다. 스페인 가정집들을 구경하는 건 여행의 또다른 맛이었다. 나를 포함한 우리나라 사람들 사는 모양하고 이런저런 비교가 됐다. 우리 가족이 도착하길 기다려 뒷마당에는 이름 모를 스페인 음식들이 차려졌다. 그 음식 중에서 가장 인상 깊었던 것은 절인 파프리카 안에 대구 생선살을 채워넣은 요리였는데, 이케르 부친인 에스테반이 준비했다. 스페인에서 먹어본 최고의 음식이었다.

스페인에 와서 이케르의 아버지를 보고 나서야 이케르에 대해 온전히 알게 됐다. 이케르는 아버지 에스테반이 오십이 가까워졌을 때 가진 늦둥이다. 에스테반은 책과 사색과 지식을 좋아하는 조용한 선비였다. 동작 하나하나가 점잖고, 한가한 시간에는 늘 책을 읽으며, 일정한 시간에 네 발 달린 식구 벨츠를 산책시켰다. 늘 미소를 짓고, 목소리가 높지 않고, 화낼 줄을 모른다. 소연이가 말해주는 에스테반은 산세바스티안 출신에, 지금은 한의사다. 편의상 한의사라고 이름을 붙이기는 했지만 자연치유 쪽 의학으로 보인다. 집 3층 다락에 사무실을 차려놓고 손님을 받는다. 침도 놓는 모양이고 인체의 기가 통하는 부위를 그려놓은 그림도 있다. 예전에는 철학 선생님이었다고 했다. 그래서인지 집에 서양 철학책들부터 노자, 공자 같은 동양 철학책들까지 각종 인문서적들이 가득했다. 한때는 심리학자였고, 또 한때는 양의사였으며, 또 한때는 성직자를 꿈꾸기도 했다고 한다. 틈만 나면 다큐멘터리를 보거나 책을 읽고, 박물관이나 미술관에 가서도 오랜 공을 들여 끊임없이 배우려고 한단다. 이케르는 아버지로부터 선비 성품을 이어받았다.

에스테반이 한의학에 심취한 것은 그가 철학을 했기 때문일 것 같았다. 철학은 세계와 사물의 근본을 밝히고 관계의 인과성을 찾는 학문이다.

한의학은 매우 철학적이고 변증법적인 의술이다. 한의학은 우리 몸의 병증을 국소적으로 다루지 않는다. 비염이 생기면 비염을 치료하기 전에 비염을 야기하게 된 폐부를 관찰하고 폐를 다스린다. 또한 환자의 폐를 보하기 위해 기저가 되는 면역력을 보완한다. 에스테반이 한의사라는 사실이 내게는 특별히 반가웠다. 멀고 먼 이국 스페인에서 동양의 사상과 의학에 심취한 노신사가 있다는 사실이 반가웠다.

한의학에 문외한인 내게도 '가난한 사람을 위한 의학'으로서의 한의학을 접할 기회가 한 번 있었다. 전 직장인 공기업 홍보실에서 사보 만드는 일을 하고 있을 때였다. 당시 나는 월간 사보의 취재, 촬영, 편집, 필름출력, 인쇄까지 모든 과정을 혼자 맡아서 하고 있었다. 늙은 한의사 한 사람이 동대문에서 매주 불법체류 노동자들을 위해 무료 진료를 하고 있다는 사실을 전해 듣고는 호기심에 취재를 갔다. 더구나 그 한의사가 얼마나 신통한지 평소 그의 진료를 받기 위해서는 새벽에 나가 줄을 서야만 진료를 받을 수 있을 정도로 진료를 희망하는 사람들이 많다는 이야기였다. 그래서 새벽 다섯시에 택시를 타고 동대문 진료소로 갔다. 아니나 다를까, 진료소 앞에는 해도 뜨지 않은 캄캄한 밤인데 벌써 20여 명이 페인트 깡통에 화톳불을 피워놓고 언 손을 녹이며 줄을 서 있었다. 해 뜨기 전에 하루 진료인원인 쉰 명이 이미 차버려서, 그 뒤로 오는 사람들은 그냥 돌아가야 했다. 소문의 진위를 파악하기 위해 새벽에 나갔는데, 정말 매일 새벽 장사진을 이루는 걸 확인할 수 있었다. 소문의 주인공은 당시 여든이 넘은 노 침구사 김남수 옹이었다. 인터뷰 요청을 하자 옹은 바쁜 시간을 내주었다. 그는 자기를 침구사라고 소개했다. 옹은 일제강점기에 정식 침구사 면허를 획득했다.

"침이나 뜸이나 약은 모두 환자의 병증을 다스리는 데 필요한 것들이지. 그런데 약은 너무 비싸서 가난한 사람들이 어디 약 한 재 얻어먹을 수가 있나. 그래서 침을 맞겠다는데, 침을 맞으려면 이렇게 매일 줄을 서서 새벽마다 나한테 와야 하니, 하루하루 노동으로 사는 사람들이 감당하기 힘든 일 아닌가. 그치만 뜸은 자기 정성만 있으면 공짜로 누릴 수 있는 치료법이야. 내가 이렇게 사인펜으로 표시를 해주고 쌀알뜸 만들어 뜨는 법을 가르쳐주니까 자기만 성실히 뜸을 뜨면 다시 나한테 오지 않아도 돼. 자기 정성과 끈기와 노력으로 자기 병을 스스로 고치는 거야. 이게 민중의학 아닌가. 돈 되는 약 처방은 한의사들이 많이들 하잖아. 그래서 나는 이 사람들에게 뜸자리를 잡아주고 뜸 뜨는 법만 알려주는 거야. 불법체류자들은 대개 다 가난한 이웃나라 사람들인데, 의료보험도 안 되고 풍토가 달라 병도 많은데, 병이 나도 치료를 못해. 그래서 이 사람들한테 무료로 뜸자리를 잡아주고 침을 놔주는 거지."

정말 그랬다. 김남수 옹은 두 번 다시 자기한테 오지 말라고 사인펜으로 내 몸 위 혈자리에 표시를 해주었다. 쌀알뜸을 만드는 건 아주 간단했다. 노랗게 말린 쑥을 엄지와 검지로 비벼서 쌀 반 톨만하게 만든다. 끝이 뾰족해진 쑥을 떼서 손톱 위에 묻혀둔 침 위에 쑥 밑둥을 올려놓으면 뜸 밑

부분에 접착력이 생긴다. 다시 뜸을 집어 혈자리에 올려놓으면 뜸이 바로 선다. 향이나 성냥, 라이터 등으로 불을 살짝 스치면 뜸이 타들어가고 혈자리가 따끔해진다. 혈자리에 아주 작은 화상을 입히는 것이다.

"뜸은 우리 몸에 혈액과 기의 순환을 도와주는 거야. 혈액순환이 잘 되면 우리 몸이 가지고 있는 면역력이 살아나게 되고, 그렇게 되면 만병이 고쳐지지. 뜸은 돈이 들지 않는 만병통치약이야. 뜸만 꾸준히 떠도 건강하게 살 수 있어."

김남수 옹이 주요 혈자리만 최소한으로 모아 개발한 '무극보양뜸' 자리를 내 몸에 표시해줬다. 백회, 곡지, 족삼리, 중완, 폐유, 고황, 기해, 관원에 해당하는 열두 자리였다. 여자의 경우는 기해와 관원을 빼고 수도와 중극을 포함한 열세 자리다. 이 곳에만 늘 뜸을 뜨면 아프지 않고 장수한다는데, 그게 그렇게 힘들었다. 몇 달 열심히 뜨다가 아프지 않고 몸이 싱싱할 때면 뜨지 않게 된다. 그러다가 다시 몸이 아프면 반성을 하고 예전에 뜸을 떴던 자리에 자국이 남아 있기를 기대하며 다시 뜸을 뜨는데, 자리가 희미해져 없어져버렸다. 나뿐 아니라 대부분 사람들이 그랬다. 그런데 정작 평생을 그치지 않고 계속 무극보양뜸을 뜬 사람이 있다. 그의 나이가 104세. 100세가 넘어서도 하루 여덟 시간 현역 침구사로 일하고 있는 구당 김남수 옹 자신이다. 그는 뜸의 효험을 당신 스스로 입증해 보이고 있는 사람이었다.

김남수 옹만큼은 아니었지만 여섯 달 넘게 열심히 뜸을 떠서 병을 고친 두 사람을 알고 있다. 한 분은 돌아가신 장모셨다. 장모는 젊어서 폐병을 앓았고, 내가 결혼한 지 몇 년 지나 위암 수술을 받으셨다. 위암 수술 후에는 늘 심장이 안 좋아 서울 큰 병원에 다니셨다. 돌아가신 장모는 타고난 이야기꾼이셨다. 기억력도 좋고 구수한 언변도 그랬지만 가끔 욕지거리를 섞어 내뱉는 이야기로 한나절이 짧았다. 장모가 셋째사위인 나를 가장 좋아했던 이유는 아마도 내가 장모의 이야기를 가장 끈기 있게 들어주어서였을 것이다. 돌아가신 장모는 몰랐겠지만 사실 나는 장모의 나직하고 빠른 수다를 절반밖에 이해하지 못했다. 장모가 그런 사실을 모르고 돌아가신 건 그분의 복이셨을까. 그런 장모께 암이 재발했었다. 연세대학교 교수인 주치의가 사진을 찍어보고는 장모의 콧속 깊은 곳에 종양이 재발했다고 했다. 그렇지만 장모의 나이와 체력을 고려했을 때 수술은 어렵다고 했다. 그래서 내가 뜸을 권했다. 어렵게 김남수 옹으로부터 뜸자리를 받고 장모는 여섯 달 동안 뜸을 뜨셨다. 당시 장모는 우리 집에 많이 와 계셔서 주로 내가 뜸을 떠드렸다. 그런데 참 이상하게도 여러 뜸자리 중에서 유독 뜨거워 못 참는 뜸자리가 있었다. 장모의 가슴 가운데 혈자리였는데 뜸을 최대한 작게, 쌀 반 톨이 아니라 그것의 반만큼 줄여서 떠도, 자지러지셨다. 사위인 내게 욕설을 뱉기도 하셨다. 어쨌거나 장모는 멈추지 않고 반 년 동안 열심히 뜸을 뜨셨다. 그렇게 반 년을 뜨던 어느 날 코피가 나서 코를 휑 풀었는데 시커먼 죽은피 덩어리가 쏟아졌다. 무서워서 주치의에게 달려갔는데, 주치의가 더 놀랐다. '이럴 리가 없는데, 종양이 없어졌네.' 정말 뜸으로 종양이 사라진 건지, 아니면 종양 진단이 잘못되었던 건지는 모르겠다. 어쨌거나 장모 콧속 종양은 돌아가실 때까지 더이상 문제가 되지 않았었다.

　내가 직접 개입된 또 하나의 사례는 대전 큰어머니의 경우였다. 지금도 생존해 계시는데, 사실 진짜 큰어머니는 아니고, 아버지 의형제 분의 부인이셨으므로 나는 큰어머니라 불렀다. 내게는 평소 잘 못 만나는 친척보다 더 중요한 분이셨다. 중학교 시절 2년 간 큰어머니 댁에서 학교를 다녔었다. 내 아버지는 어머니와 결혼 직후 부산에서 대전으로 이사를 하셨다. 낯선 곳에 정착을 하셔야 했는데, 처음 세들어 사신 집이 대전 큰아버지 댁이었다. 돌아가신 큰아버지는 내가 제일 좋아하는 어른이셨다. 그 옛날 아버지들이 모두 가부장적 권위주의로 일관하던 시절에도 그 분은 어린아이처럼 아이들과 놀아주기를 좋아하셨다. 주말이면 산으로 강으로 아이들 부대를 지휘해서 놀러 다니셨다. 우리는 우리 모두의 아버지인 듯 그분을 따라 냇가로 나가 다슬기를 잡고 미역을 감았다. 아마도 지금 내가 우리 아이들과 친하게 지내는 법을 알고 있다면 그건 모두 그 어른께 배운 거였다. 그 어른이 돌아가시기 전에 내 권유로 김남수 옹을 찾은 적이 있었다. 부인의 오래된 기침 때문이었다. 큰어머니는 10년이나 묵은 깊은 기침을 고치지 못하셨다. 기침이 너무 심하고 오래가서 이 병원 저 병원 다 다녔는데도 차도가 없었던 거다. 그런 와중에 뜸자리를 잡았고 큰아버지가 정성스레 반년 동안 뜸을 떠주셨다. 큰아버지 정성 덕분이었을까, 정말 기침이 거짓말처럼 멈췄다. 그 후로 큰어머니께서 기침하시는 걸 본 적이 없다. 물론 지병인 파킨슨 병 때문에 지금은 요양원에서 어렵게 지내시지만 지금도 기침은 하지 않으신다. 백세 노인 김남수 옹이나 우리 장모의 사례, 큰어머니의 사례를 통해 나는 확신을 가지고 있다. 오랫동안 정성을 들여 뜸을 뜨면 면역력이 살아나고 만병이 고쳐진다는 확신 말이다. 그래서 소연이가 스페인으로 유학 갈 때 한 가지 거래를 했다.

"니가 스페인에서 아프기라도 하면 정말 곤란하지 않겠냐, 부모가 옆에 있는 것도 아니니. 그러니까 스페인 가 있는 일년 동안 반드시 뜸을 떠라. 니가 뜸을 뜨고 그 증빙으로 뜸 뜬 사진을 톡으로 보내주면 내가 뜸 값으로 한 달에 십만 원씩 용돈을 더 주마."

"아빠 정말이지? 좋아, 내가 뜸 뜰게. 십만 원, 오케이."

이렇게 돼서 소연이는 스페인 이케르네 집에 살면서도 뜸을 떴다. 에스테반도 뜸을 알고는 있었지만 큰 쑥뜸만 보았기에 쌀알처럼 작은 체질 뜸은 처음 보았단다. 소연이는 그렇게 1년 동안 열심히 뜸을 떴다. 그런데 그만 방학 중에 여행을 하면서 뜸을 뜨지 않았고, 그동안 무리한 여행으로 몸이 축났다. 결국 생리가 멈추지 않는 이상이 생겼고, 급성빈혈로 쓰러져 병원 신세를 지게 되었다. 내가 후에 소연이에게 물었더니, 여행할 그 당시에는 귀찮아서 뜸을 뜨지 않았다고 했고, 소연이도 그랬던 걸 후회했다. 공교롭게도 몸이 가장 피곤하여 면역력을 잃기 쉬울 때 뜸을 중단했고, 중단한 이후에 병이 생겼던 거다.

에스테반은 여든이 넘은 장모를 모시고 살고 있었는데, 장모가 워낙 쾌활하고 건강하셔서 서로 불편함 없이 살고 있었다. 이케르 할머니는 아직도 점심을 손수 요리해 드실 정도로 정정하셨고, 식구들과 조화롭게 살고 있었다. 이케르를 끔찍히 사랑해주시는 부모가 계시지만 이케르의 최대 광팬은 에스테반도 모친도 아닌 외할머니였다. 외할머니는 이케르 엄마하고 똑같다. 에두르네는 할머니의 젊은 버전이다. 할머니는 잠시도 멈추지 않고 수다를 떠신다. 그리고 수다 중간중간에 이케르를 만지고 쓰다듬고 껴안고 뽀뽀한다. 손님들 앞에서 하는 할머니의 애정표현이 쑥스러운지 아케르가 얼굴을 붉히며 화도 내지만, 할머니의 애정공세를 어지간해서는 막을 수 없는 것 같았다. 스페인에서 만난 이케르네는 정말 믿을 수 없이 선량하고 사랑스러운 가족들이었다. 이케르 대신 할머니의 사랑을 일년간 독차지했던 소연이는 자신의 일기장에 할머니에 대해 이렇게 말했다.

"할머니의 이름은 니에베스다. 스페인어로 '눈'이라는 뜻이다. 엄마 이름 에두르네도 바스크어로 눈이다. 눈이 거의 내리지 않는 해안지역이어서일까, 소중한 느낌을 가진 이름들이다. 할머니는 독실한 천주교 신자시다. 다리가 아파 매일 성당에 갈 수는 없지만 텔레비전에서 해주는 실시간 미사를 통해 매일 기도를 드리신다. 내가 어쩌다 벨츠와 밤늦게 산책을 나갔을 때에도 아무 일이 없기를 기도드린다는 말씀을 듣고, 그 다음부터는 너무 늦은 시각에 산책을 나가지 않게 되었다. 세상 모든 할머니들은 비슷한 모양이다.

미사를 드릴 때의 모습이나 어린 이케르를 돌보고 있는 모습을 생각하면 수녀님의 모습이 그려지기도 하지만, 우리 니에베스 할머니는 내가 본 할머니들 가운데 가장 유쾌하고 재밌는 할머니다. 내가 특별히 일이 있는 날이 아니면 학교에 다녀와서부터 엄마가 퇴근하기 전까지 둘이 소파에 앉아 있곤 한다. 하루를 이야기하기도 하고, 쿠바로, 이탈리아로, 영국으로, 젊은 날 화려했던 그녀의 여행기를 듣기도 한다. 하도 흥미진진해 시간 가는 줄 모른다. 한 번은 에두르네 엄마와 둘이 이집트 여행을 갔는데 사기꾼을 따라 골목골목 슬럼가까지 들어가게 되었다는 거다. 그곳에서 물건들을 강매당하기 직전까지 갔었는데 '당신들은 백인에, 여자에, 돈을 안 낼 수가 없지!'라는 말을 들었다고 한다(어떻게 알아들었는지도 용하다). 그 말을 들은 할머니는 어디서 용기가 났는지, 지갑을 도로 넣고 불 같이 화를 내며 그곳을 빠져나왔다고 한다. 그때를 회상하며 엄마는 아직도 심장이 벌렁거린다는데 할머니는 '내가 바로 바스코 할머니'라며 씨익 웃으신다. 이렇게 여행 이야기를 하다가 흥에 겨워 내 손을 붙잡고 춤을 추거나 노래를 부르시기도 한다. 외국 여행을 좋아하는 만큼 외국 친구들 사귀는 것도 좋아하신다. 내 한국 친구들이 놀러오기라도 하면 조용히 거실에서 기다리고 있다가 식사가 끝날 때쯤 고개를 빼꼼 내밀고 사진을 찍자고 하신다. 처음 만난 외국인들도 모두 손주고 모두 친구다. 할 줄 아는 언어는 스페인어가 전부지만, 세계 구석구석에는 할머니 친구들이 있다."

이케르 엄마인 에두르네는 이야기하는 것도 좋아하고, 듣는 것도 좋아한다. 어렸을 때부터 남을 돕는 의사가 되고 싶어 했던 그녀는 의사가 되기 위해 10년이나 공부했다고 한다. 그 와중에 결혼해 큰아들까지 낳았다. 에두르네와 에스테반은 의료봉사 캠프에서 만났다. 에스테반이 에두르네의 상사였고, 에두르네는 의대생이었다. 무려 열두 살 차이, 에두르네에게 에스테반은 첫사랑이었다. 그녀는 백발에 가까운 환한 금발을 가지고 있고, 얼굴에는 온통 빛만 가득하다. 좀 오버스러울 정도로 다정다감하고 표현을 아끼지 않고 남을 배려한다. 이케르네 부모는 소연이를 딸같이 대했다. 이케르 위에 형이 둘 있다. 에두르네는 아들만 삼형제를 키웠으니 자식이라면 좀 물렸을 법도 한데, 갑자기 동양인 딸아이가 생긴 것이다. 그런데도 친구들 모임마다 소연이를 데리고 다니며 새로 얻은 딸을 자랑했다. 웃으며 장신구며 자신이 아끼던 것들을 소연이에게 아낌없이 줬다. 소연이는 귀국할 때 불어난 짐 때문에 고민을 해야 했다.

지난해 소연이가 남부 스페인을 여행할 때 무리를 해서 입원한 적이 있었다. 갑자기 생리가 그치지 않아 급성빈혈로 쓰러졌다. 소연이가 병원에 입원한 것을 알게 된 에두르네는 친구 여의사와 함께 비행기를 타고 남부 스페인으로 날아가 소연이를 보살폈다. 소연이 입원이 장기화되자 렌터카를 빌려 친구와 아홉 시간 번갈아 운전하여 바스크로 소연이를 데려왔다. 그녀는 친부모도 하기 힘든 일을 마다하지 않았다. 당시 한국에서 소연이 소식을 접한 우리 부부가 당장 스페인으로 날아가야 할지를 고민했는데, 두 여의사의 병원 방문 계획을 전해 듣고 무모한 스페인행을 접을 수 있었다. 부모 된 입장에서 얼마나 미안하고 고마웠겠는가. 이번 스페인 여행, 아니 바스크 방문은 그 일에 대한 감사 인사가 주목적일 수밖에 없었다. 비록 감사의 선물로 준비했던 수제 핸드백은 바르셀로나 도둑녀석이 들고다니겠지만.

오찬을 즐기며 아내는 에두르네에게 '특별히 수제 핸드백을 준비했지만 부주의로 도난당해 전할 수 없음'을 사과했다. 에두르네는 "무슨 말이냐, 스페인까지 와서 그런 험한 꼴을 당하게 해서 너무 부끄럽다. 선물은 받은 걸로 하면 된다. 얼마나 힘들었겠나" 하며 되려 위로했다. 나는 에두르네에게 준비했던 감사인사를 했다. "지난번 소연이가 아팠을 때 멀리까지 가서 소연이를 돌봐줘서 너무 고마웠다. 당신이 아니었으면 우리가 그때 스페인에 왔어야 했을 거다. 정말 감사하다. 그리고 그때 함께 가주었던 친구 의사 분께도 직접 감사 인사를 드려야 하는데 못 봐서 안타깝다. 내가 정말 감사해 한다고 꼭 전해 달라"고 말했다. 이 말을 직접 전함으로써 우리 가족이 스페인에 온 목적을 절반은 이루게 됐다. 다행히 에스테반에게 줄 전통 '이강주'와 할머니께 드릴 부채는 따로 넣어두었기에 전할 수 있었다. 이케르네 식구들은 모두 스페인어를 쓰기 때문에 소연이와 이케르가 중간에서 통역을 했다. 물론 할머니의 그 많은 수다는 아쉽게도 통역에서 누락될 수밖에 없었다.

오찬이 끝나고 우리는 이케르 방에, 그러니까 이케르가 한국에 있을 때는 소연이가 사용하던 방에 여장을 풀었다. '내 딸이 이곳에서 낯선 이국의 설움을 모르고 지낼 수 있었구나' 생각하니 이케르네 부모에 대한 고마움이 더했다. 그동안 묵었던 모든 숙소가 나름대로 개성 있고 재밌고 편안했지만, 이케르네 집에 여장을 푸니 이상하리만큼 더 편안했다. 마치 오랜 여행에서 집으로 돌아온 느낌처럼. 우리 가족은 오랜만에 긴장감 없이 오후 한 때를 쉴 수 있었고 이케르네 식구들은 우리가 편안히 다리쉼을 할 수 있게 배려했다. 소연이를 보고 여전히 미쳐 있는 벨츠만 빼고.

저녁 만찬은 집 근처 레스토랑에서 외식을 하기로 했다. 집에서 차로 5분밖에 걸리지 않고 걸어서도 갈 수 있는 뒷동산에 멋진 식당이 있었다. 2,000평쯤 되는 넓은 동산 마루에 잘 깎아놓은 잔디밭이 조성돼 있었다. 그 한 가운데 큰 건물 전면이 다 폴딩도어로 되어 있어 사라우츠 주택가 주황색 지붕들과 그 너머 해변까지 모두 전망할 수 있는 레스토랑이 있었다. 주택가 왼편에는 그리 높지 않은 동산이 자리잡고 있었고 오른편엔 대서양 연안 수평선이 보였다. 산과 바다와 주택가가 모두 한눈에 들어오는 경치였다. 마침 우리 일행이 식당을 전세내기라도 한 것처럼 손님은 우리밖에 없었다.

에스테반이 음식을 주문했다. 당연하다는 듯 와인 대신 '시드라'라 불리는 사과주가 나왔다. 사과주는 이곳 사라우츠의 특산품이었다. 이케르 할아버지는 리오하 와인농장 농장주였고 이케르 아버지가 물려받아 운영했다. 이 식당은 사과주를 종류별로 시음할 수 있는 사과주 전문 식당이었다. 아내가 사라우츠의 사과주에 대해 아는 바가 있었다. 우리 동네 거창군에서 사과주를 개발한 지인이 이곳 스페인 북부에 와서 사과주 발효 기법에 대해 배웠다고 했다. 사과주는 시큼하고 달콤했다. 언뜻 샴페인을 마시는 느낌이었다. 식당 벽 속에는 대형 오크통이 여러 개 붙박이로 박혀 있고, 각 오크통마다 벽 바깥으로 독립적인 수도꼭지를 달고 있었다. 사과주는 그냥 따라 먹는 것이 아니라 잔에서 최대한 멀리 떨어진 높은 곳에서 술을 떨어뜨려 잔에 거품이 일도록 만들어 먹어야 제맛이 난다고 했다. 에스테반이 시범을 보였다. 오크통 수도꼭지를 젖히자 사과주가 떨어졌다. 수도꼭지에서 1미터쯤 떨어진 위치에서 잔을 들고 있다가 떨어지는 사과주를 받으며 잔을 수도꼭지가 있는 곳까지 가져가서는 꼭지를 잠갔다. 당연히 사과주가 이리저리 튀며 손등으로 바닥으로 잔 표면으로 산지사방으로 튀었다. 잔에 차는 것 반, 튀어서 버려지는 것 반인데, 원래 그런 것이어서 신경도 쓰지 않았다. 오히려 분수처럼 흩어지는 사과주의 향연을 즐기는 것이었다. 오크통이 박혀 있는 벽 아래에는 버려지는 사과주가 흘러나가도록 배수구까지 있었다. 우리는 너나없이 오크통 앞으로 가서 생전 처음 하는 방식으로 술을 따라 받았다. 우리가 술을 받으면 식구들은 좋아라 박수를 쳤고 그때마다 에두르네가 사진을 찍어댔다. 한국 사람들은 '피같은 술'이라고 말한다. 술을 한 방울도 흘려서는 안 된다는 생각이 일반적이다. 나 역시 평생 그렇게 술을 대했다. 이렇게 술을 흥청망청 죄의식 없이 버려보긴 처음이었다. 우리는 멋진 레스토랑에서 밤늦도록 시드라에 취하고 서로에 대한 반가움에 취했다. 비록 이케르와 소연이의 통역 없는 대화도 잘 통하지 않았지만 통역 없이도 서로에 대한 우의와 존경과 감사가 시드라 거품처럼 일어난 밤이었다.

다음날 우리는 이케르네 식구들에게 김밥을 먹여주기 위해 이케르와 함께 동네 마트에 장보러 갔다. 이케르는 한식에 푹 빠진 한식 마니아다. 이케르가 가장 좋아하는 한식이 김밥이다. 맛도 있지만 둥그런 김 안에 색색이 다양한 재료가 조화롭게 어울려 있는 예쁜 모양이 신기했다고 한다. 거창 집에 왔을 때도 우리는 이케르와 함께 장을 봐서 이케르가 직접 김밥을 만들 수 있도록 체험프로그램을 운영했다. 프로그램을 수료한 이케르는 자신이 김밥을 꽤 잘 만드는 줄 안다. 이케르는 김밥뿐 아니라 순대를 제외한 대부분 한식을 모두 좋아했다. 아마도 제대로 된 순대를 못 먹었겠지. 어디서 싸구려 비린내 나는 당면 순대를 먹은 게 분명했다. 이케르는 김치 없이 못 사는 스페인 사람이 되었다. 소연이는 스페인 식구들하고 헤어지기 직전 이케르를 위해 함께 쇼핑하여 김치를 담가주고 왔다고 했다. 후에 듣기로는 전기밥솥까지 구입했다고 했다. 아마도 이다음에 이케르가 한국으로 다시 유학을 온다면 그건 불교 사찰 때문이라기보다 한국 음식 때문일 거였다. 이케르가 단골로 다니는 마트에서 우리는 김밥재료를 다 살 수 있었는데, 참기름만 못 샀다. 여러 가게를 돌아다녔지만 참기름은 끝내 찾지 못했다. 애석한 일이 아닐 수 없었다. 집으로 돌아와 장 보아온 재료들로 김밥을 스무 줄 만들었다. 부모님들도 드시는 거니까 김밥이 터지지 않고 늘씬하고 단단하게 싸져야 했으므로 이케르에게 맡길 수 없었고 내가 말았다. 김밥은 당연히 맛있었다.

　오후에 식구들은 밀린 빨래도 해야 했고, 중반을 넘어선 우리 여행을 위해 쉬기로 했다. 그러나 나는 사라우츠를 돌아보고 싶었다. 그래서 현관에서 보았던 자전거를 빌렸다. 어디가 어딘지 방향도 몰랐지만 돌아오는 길만 잘 기억하기로 다짐하고 한적한 사라우츠 포장도로를 달렸다. 마주 오는 자전거에서 아줌마가 손을 흔든다. 나도 손을 흔든다. 똑같이 생긴 주택지를 벗어나니 유치원도 보이고 학교도 보인다. 마을사람들 사랑방으로 커피숍 역할도 할 것 같은 가게와 식당을 지나니 사라우츠를 벗어나는 고속도로 톨게이트가 보였다. 너무 많이 온 것 같아 돌아오는 길에 다른 길로 방향을 잡으니 해변이 나온다는 이정표를 확인할 수 있었다. 좋다 싶어 비포장 길로 접어들어 가다보니 오른쪽에 무슨 큰 캠프가 있었다. 그곳에서 아이들이 저마다 서핑보드를 머리에 이고 해변으로 나가고 있었다. 아이들 곁을 지나 조금 더 가니 아름다운 사라우츠 해변이 나왔다. 분명 이 해변이 소연이가 고국을 그리며 플루트를 불던 해변이리라. 파도가 높아 아이들이 서핑을 하기에 딱 좋은 날씨였다.

　집에 돌아왔는데 식구들은 모두 낮잠을 자고 있었다. 깨지 않게 살금살금 이층으로 올라가는데 에스테반 방 앞을 지나야 했다. 방문이 열려 있었다. 지나가며 살짝 보니 에스테반이 소파에 앉아 독서를 하고 있었다. 독서를 하면서 굳이 방문을 열어놓은 건 우리 식구들이 무언가 도움을 요청할지도 모른다고 생각해서임이 분명했다. 에스테반은 소연이가 스페인어를 쉽게 익힐 수 있도록 집안 곳곳에 스페인어로 물건 이름을 적어놓은 포스트잇을 붙였다. 소연이는 식구들 배려로 스페인어를 빨리 익힐 수 있었다. 에스테반은 그런 분이었다. 소리 없는 모든 행동에 배려가 담겨 있다. 소연이는 스페인 식구들과 가까워지면서 언제부터인가 자연스럽게 이케르 부모님을 스페인아빠, 스페인엄마라고 불렀다. 소연이가 페이스북에 올리는 사연들 속에서 처음 이런 호칭을 보았을 때 잠깐 의아했었다. 그러나 그동안 자식처럼 소연이를 돌봐오신 그분들이 당연히 소연이에게는 스페인아빠이고 스페인엄마다. 나는 소연이에게 이국의 좋은 부모가 생긴 것을 고맙게 생각한다. 그리고 스페인 와서 그 식구들을 만나보니 그 분들이 충분히 그럴 만한 인품과 사랑을 가진 분들이라는 걸 확인할 수 있어서 기뻤다. 아내가 빨래를 걷고 있었다. 이제 저 빨래를 개서 가방에 넣고 나면 우리는 이케르네 집을 떠나 여정의 뒷부분으로 나아갈 것이었다. 떠나고 나면 이들이 많이 보고 싶을 것 같았다.

산 티 야 나 델 마 르 선 언

여행은 색이 다르고 모양이 다르고 느낌이 다른 자연과 인간과 동물과 문화에 대한 발견이다. 인간의 상상력은 꽤 대단해 보이지만, 사실 익숙한 환경에 제약된다. 익숙함은 변화하는 사물에 대한 인간의 대응에 안정감을 준다. 사람들은 누구나 예측 가능한 변화에 대한 준비를 경험적으로 체득하기 때문이다. 그런가 하면 예측 가능한 변화와 대응이 창의적인 해답을 방해하는 걸림돌이 되기도 한다. 우리가 여행을 통해 새로운 환경과 문화를 경험하길 원하는 이유도 다른 방식으로 느끼길 원해서, 혹은 창의적 상상이나 해답을 원해서인지도 모른다. 이번 여행을 통해서 나는 지금껏 살면서 당연하다고 생각해왔던 몇 가지 사실들에 대해 지금까지와는 다른 방식으로 느끼고 생각하게 됐다. 물론 예전 방식의 생각들은 틀린 것이 아니라 다른 것이었고, 딱히 새로운 방식의 사고가 낡은 사고를 대체할 수 있다는 확신이 있는 것도 아니었다. 그러나 분명 지금까지 고민해보지 않은 것들에 대해 고민해볼 기회를 제공받은 것임에는 틀림없다. 알타미라 동굴벽화에서 본 구석기인들의 예술적 재능도 나에게는 새로운 방식으로 선사시대 사람들을 생각하는 계기가 됐다.

알타미라 동굴벽화는 학창시절 교과서에 나올 정도로 유명한 구석기 문화재라서 꼭 한번 봐야 한다는 게 가족들의 의견이었다. 우리처럼 생각하는 관광객이 많아서인지 입구에서부터 사람들이 길게 줄을 서서 입장을 기다렸다. 다행히 주차장도 넓고 갓길 주차도 허용하는 한적한 곳이라서 주차 걱정은 없었다. 알타미라 동굴벽화는 인간이 만든 예술품 가운데 가장 오래되고 예술적 가치도 뛰어난 작품이었다. 그저 되는대로 낙서를 해놓았는데 오래된 유적이기 때문에 유명한 것이 아니었다. 수만 년 전 구석기인들이 그린 그림이었지만 대단히 정교했고 아름다웠다. 후기 구석기시대 예술작품 가운데 알타미라 동굴벽화만큼 예술성을 인정받는 작품이 또 있던가. 사람들은 알타미라 동굴을 '구석기 시대의 박물관'이라고 불렀다. 구석기 유물이라고 하기엔 믿기 어려울 정도로 작품성이 뛰어나기 때문이다. 실제 동굴과 똑같이 재현해놓은 가짜 동굴을 관람했는데, 가짜 동굴은 그야말로 1밀리미터의 오차도 없을 정도로 정교한 가짜여서 전혀 가짜라고 믿기 어려웠다. 동굴 속에 그려진 벽화는 기원전 3만 년에서 기원전 2만5천 년 사이에 그려진 것으로 알려졌다. 구석기인들을 '바보' 정도로 생각했던 내게는 큰 충격을 준 그림들이었다. 그렇게 보면 인간은 수만 년이 지나도록 가진 바 예술적 능력을 크게 향상시키지 못한 건지도 모른다. 과학이나 기술의 발전에 비한다면 말이다.

동굴벽화를 보고 나와 숙소로 가는 길이었다. 한 아가씨가 산책을 하고 있는데 옆에 우리 봉구만큼 덩치가 큰, 못생기고 뚱뚱한 개가 주인 앞뒤로 분주하게 다니며 산책하고 있었다. 여기저기 코를 킁킁대던 개는 주인이 스쳐 지나가던 분수대를 보더니 휘익 달려가 분수대 속으로 다이빙을 했다. 그걸 보던 행인들은 그 모습이 귀여워 웃으며 손짓을 했다. 날이 무척 더웠다. 분수대 안에서 수영을 하는 녀석은 너무나도 시원한 모습이었다. 한참 수영을 하고 나온 녀석은 한바탕 몸을 털었다. 개주인인 아가씨는 그저 개가 나올 때까지 조용히 기다리면서 휴대폰으로 누군가와 통화만 하고 있었다. 아무도 덩치 큰 개를 무서워하지도 않았고 비난하지도 않았다. 우리나라에서였더라면 어떻게 저렇게 큰 개를 풀어놓을 수 있느냐고 항의하는 사람, 무서워서 도망치는 사람으로 순식간에 시끄러워졌을 상황이었다. 이케르네 집에서 만났던 벨츠도 그랬다. 이케르 아버지인 에스테반이 산책을 시킬 때는 개 목줄을 묶고 산책을 시켰지만, 그건 천방지축 벨츠가 도로에서 다칠까봐 목줄을 한 거지, 개가 누굴 위협하거나 물까봐서 그런 게 아니었다. 벨츠는 집안에서 자유롭게 살고 흥분하면 마당 울타리 밑을 막 파헤치는 행동을 하곤 했지만 사람에게 위협이 되지는 않았다. 개와 사람들은 아주 평온하게 삶의 공간을 공유하고 있었다.

스페인의 개들은 대개 묶여 있지 않았다. 어지간히 큰 개들도 자유롭게 살고 있었다. 집 안에서는 물론 주인과 함께 동네를 산책하는 개들도 대부분 줄에 묶이지 않았다. 간혹 묶여 있는 개들도 있었지만 대부분은 그렇지 않았다. 내 눈에는 그게 제일 신기했다. 어떻게 개를 풀어놓고 키울 수 있었는지. 그러고 보면 동남아를 여행했을 때도 그랬다. 태국에 갔을 때도 사원에 개 천지였는데 어떤 개도 묶여 있지 않았다. 그런데도 개들은 모두 늘어지게 자거나 놀거나 저희들 일에만 신경을 썼지, 지나가는 행인을 위협하거나 물거나 하지 않았다. 물론 동남아의 개들은 만지면 안 될 지경으로 비쩍 마르고 더러웠는데, 스페인의 개들은 관리를 받아 예쁘고 영양상태가 좋았다. 상태는 달랐어도 동남아나 스페인에서 본 개들은 모두 자유로웠다. 외국 개들은 천성이 온순한 건가? 그 이유를 알기 어려웠다. 유독 우리나라 개들만 사나워서 묶어 키워야 하는 건지 이해하기 어려웠다.

거창 우리 집에는 두 마리의 진돗개 '봉구', '봉숙이'와 어머니의 애완견 '아롱이', 그리고 새롭게 식구가 된 고양이 '달이'가 함께 산다. 자랄 때 애완견을 키워보지 못한 내가 처음 집에 들인 애완견이 봉숙이다. 10년 전 서울 양재동으로 다니던 직장을 그만두고 경남 거창군으로 혼자 이주를 했다. 가족을 두고 기러기 아빠가 된 거였다. 새로운 일은 늘 위험이 따르는 법. 새로운 직장이 세팅되기까지 예측할 수 없었던 불행한 변수들이 너무나 많았다. 심지어 3년간 월급을 밀려 받아가며 버티기도 했다. 몇 해를 혼자서 전전긍긍 고군분투하던 나에게 잘 아는 교수님이 진돗개를 주시겠다고 했다. 외롭고 힘든 객지 생활을 갓난 백구와 함께 하는 것도 나쁘지 않을 듯해서 강아지를 입양했다. 강아지도 공짜로 입양하는 게 아니라고 해서 거금 천원을 드렸다.

아직도 처음 봉숙이가 내 곁에 왔을 때가 생각난다. 하얀 솜털 같은 녀석이 꼬리를 흔들며 내 품으로 들어와 까만 단추 같은 눈으로 나를 올려다봤다. 혼자 살던 터라 직장에 갈 때는 사료와 물을 충분히 주고 베란다 안에 가두었다. 내가 퇴근할 때까지 녀석은 베란다에서 혼자 놀아야 했다. 좀더 큰 다음에는 줄에 매어 마당에 두었다. 어느 날 퇴근하고 돌아와보니 봉숙이가 몸에 줄을 친친 감은 채 기둥에 붙어 낑낑대고 있었다. 하루 종일 얼마나 힘들었을까 생각하니 너무 미안했다. 그래서 길을 잃거나 도로에 나가 사고를 당하는 한이 있어도 이렇게 혼자 기둥에 매어둘 수는 없다고 생각하고 불쌍한 봉숙이를 풀어놓았다. 며칠간 봉숙이는 주인이 출근해 있는 시간 동안 온 동네를 헤집고 다녔다. 아침에는 하얗던 녀석이 저녁에 보면 까만 개가 되어 있었다. 조그만 털뭉치에는 도깨비풀을 뗄 수도 없이 많이 붙인 채였다. 그래도 녀석은 이제 행복했다. 해거름에 봉숙이를 데리고 노을 진 들판을 산책하는 것이 소소한 행복이었다.

그런데 문제는 간단치가 않았다. 어느날 퇴근했는데, 이웃집 아저씨께서 내게 민원을 호소하셨다. 봉숙이가 고구마 밭 멀칭을 죄다 뜯어놓았다는 거다. 밭에 가보니 정말 봉숙이가 그랬는지 몰라도 밭에 새로 해놓은 멀칭들에 구멍이 숭숭 나 있었고, 한쪽은 쭈욱 찢겨져 있었다. 죄송하다고 손상된 멀칭을 고쳐드렸다. 그러나 손상된 멀칭이야 잠깐 손보면 되는 거였는데, 매일 멀칭을 뜯으면 그걸 매번 새로 고칠 수는 없는 일이었고, 또 작물이 제법 큰 다음에 작물을 해치면 어떻게 하냐는 문제가 생겼다. 게다가 하루가 다르게 쑥쑥 크는 대형견이기에 조금 더 커서 행인을 위협하거나 물면 어쩌나. 이렇게까지 되고 보니 봉숙이를 더이상 풀어놓고 키울 도리가 없었다. 그날로부터 봉숙이는 매인 신세가 되었고, 녀석의 짧은 행복은 끝이 났다. 그나마 다행인 건 봉숙이와 둘이 세들어 살던 이듬해에 내가 전원주택을 지어서 지금 사는 마리면으로 이사를 했다는 거였다. 시골의 싼 밭을 사서 경량목구조로 전원주택을 지었다. 내 평생의 꿈이기도 했지만 더불어 봉숙이에게도 좀더 안락한 환경이 조성된 거였다. 하지만 여전히 봉숙이는 줄에서 풀려날 수가 없었다. 여기도 같은 시골이고, 시골엔 어디나 농작물이 있고, 농작물을 덮고 있는 멀칭이 있기 때문이었다. 봉숙이는 줄에 매인 뒤로는 살이 찌지 않았다. 마지못해 배고파 먹을 뿐 언제나 봉숙이가 원하는 건 밥보다 자유였다. 어릴 때 잠깐 맛본 자유의 참맛을 봉숙이는 영영 잊지 못하는 듯했다. 지금 이 순간에도 그렇지만 봉숙이는 늘 나와 함께 산책하던 들판과 자유만을 원했다. 어쩌다 개 끈이 낡아 끊어지기라도 하면 봉숙이는 사나흘 동안 쫄쫄 굶더라도 집 주변을 헤매다니며 내게 잡히지 않았다. 숨박꼭질을 하듯 나를 약 올리며, 내가 다가가면 도망다녔다. 그렇게 사나흘 뱃가죽이 등에 붙고 나서야 힘없이 누워 있다가 내게 붙들렸다. 잡히는 그 순간까지도 발라당 누워 내가 끌고 가지 못하게 반항했다. 결국 다시 목줄을 채우면 세상에서 가장 슬픈 눈을 하고 나를 바라봤다. 그럴 때 나는 봉숙이를 입양한 걸 후회했다. 무신론자였지만 언젠가 내가 죽고 나서 지옥에 가면 봉숙이 때문일 거라고 생각했다.

강원도 횡계에 사는 여자동창 선희가 오랜만에 전화를 했다. 선희네 진돗개가 무려 여덟 마리나 강아지를 낳았는데 나더러 한 마리 입양하랬다. 봉숙이 문제로 힘들던 나는 당연히 사양했다. 그런데 가만 생각해보니, 자유를 뺏긴 봉숙이에게 함께 놀고 부비댈 친구가 생긴다면 좀 낫지 않을까 하는 생각이 들었다. 그래서 아내와 상의한 끝에 다시 하얀 진돗개 백구 한 마리를 더 입양하기로 했다. 게다가 이번 개는 순종이랬다. 봉숙이는 살짝 섞인 녀석이었다. 선희가 횡계에서 강아지를 케이지에 담아 버스 트렁크에 넣어 보냈고, 아내가 동서울터미널에서 받아 거창까지 데려왔다. 그땐 그런 생각을 못했는데, 그 어린 녀석을 버스 트렁크에 넣어 보내라고 한 건 잘못한 일이었다. 아무리 케이지에 잘 넣어 보냈다지만 어린 강아지가 그 안에서 얼마나 두려웠을 것인가. 아내가 터미널에서 받았을 때 강아지가 몹시 떨고 있었다고 했다. 나중에 알게 되었지만 녀석은 그때문에 트라우마가 생긴 듯했다. 녀석은 지금도 자동차소릴 제일 무서워한다. 주인 말이라면 무조건 충성하는 진돗개의 특성을 전형적으로 가지고 있는 녀석이 아무리 개 줄을 당겨도 두 앞발로 딱 버티고 서서는 절대로 도로 근처로는 나가지 않는 거다. 우리는 녀석의 이름을 '봉구'라고 지었다. 이미 봉숙이가 성견이 된 후 강아지로 입양된 봉구였다. 봉숙이는 갓난 봉구를 어미처럼 살뜰히 챙겼다. 비록 자유에 대한 갈망으로 불행해진 봉숙이었지만 봉구가 입양되고 나서는 눈에 띄게 행복해 했다. 나는 봉구를 참 잘 입양했다고 생각했다.

봉구는 정말 순종인 것 같았다. 봉숙이보다 더 진돗개의 특성을 잘 드러냈다. 내가 아는 진돗개의 특성은 '충성심'이었다. 그리고 내가 몰랐던 진돗개의 특성은 '사회성'이었다. 진돗개는 유별난 충성심을 가지고 있지만 그만큼 유별나게 사회성이 없었다. 한마디로 사회성이 개판이었다. 봉구는 금세 자랐다. 몇 달이 지나자 봉구는 봉숙이만큼 커졌다. 봉구는 크면서 함께 살 부비고 사는 봉숙이하고 절대 좋은 관계를 유지하지 않았다.

게다가 녀석은 천하장사였다. 나는 봉구의 센 힘을 감안하여 거창에서 제일 튼튼한 개집을 지었다. 성인 네 명이 맞들어야 하는 그 개집이 봉구가 점프하면 들썩였다. 어쩌다 목줄이라도 풀리면 금세 산으로 달려가 너구리를 물어왔다. 날아오르는 꿩도 잡고, 들쥐도 잡고, 뱀은 껌처럼 씹어서 죽였다. 들판으로 내려온 맷돼지도 봉구가 두려운지 우리 집으로는 오지 않았다. 봉구가 제일 사납게 구는 건 봉숙이한테다. 정말 배은망덕도 유분수지, 지가 어떻게 해서 우리 집에 오게 됐는데. 내가 직장에서 돌아오면 봉구가 가장 먼저 나를 반긴다. 쇠사슬을 끊어버릴 듯(실제로 끊어진 적이 몇 번 있다), 꼬리치며 점프하며 만져달란다. 그러나 내게 달려들기 전에 반드시 봉숙이에게 먼저 달려들어 쥐 잡듯 봉숙이를 잡는다. '으르렁 컹컹, 너는 주인한테 꼬리치지 말고 집에 틀어박혀 있어라' 이런 뜻이다. 봉구는 내가 봉숙이를 쓰다듬기라도 하면 봉숙이를 죽이려 든다. 질투심이 하늘을 찌른다. 나한테는 순한 양인데, 내가 이뻐하는 다른 동물에게는 그런 야차가 따로 없다.

얼마 전 아내가 지인에게서 길냥이를 입양했다. 러시안블루인데 파란 눈을 가지고 있고 예쁘고 똑똑해서 아내가 '달'이라고 이름 지었다. 달이는 사람을 잘 따르는 '개냥이'였다. 우리는 캠핑 갈 때 늘 달이를 데리고 다닌다. 달이는 집안에서도 살고 데크에서도 살고 마당에서도 살고 산에서도 산다. 우리 집에서 가장 팔자가 좋은 동물이다. 고양이는 개와 달리 멀칫도 뚫지 않는다. 똥오줌도 다 가린다. 그래서 어디서든 살 수 있는 특권을 부여받았다. 한번은 달이가 마당에서 나비 좇는 장난을 치고 있었다. 그날따라 오뉴월 볕이 좋아서 방심했을 거다. 아니면 그날따라 '이제는 다른 녀석들하고 좀 사귈 때가 됐다'고 생각했는지도 모른다. 달이가 먼저 봉숙이한테 다가갔고, 착한 봉숙이는 그런 달이의 냄새를 맡으며, '이쁜아, 우리 잘 지내자'라고 했다. 용기를 얻은 달이가 이번에는 봉구에게 다가갔다. 아마도 봉구가 달이를 죽이려고 하진 않았을 거라고 나는 생각한다. 달이 냄새를 맡던 봉구는 갑자기 달이 엉덩이를 깨물었다. 기겁을 한 달이는 번개보다 빠르게 도망쳤다. 도망가는 달이를 보자 봉구는 점프를 했고 사슬이 뚝 끊겼다. 달이는 봉구를 피해 달아나다가 데크 마루 밑 좁은 틈으로 몸을 숨겼다. 봉구는 달이가 사라진 마루 밑을 노리며 연신 코를 들이대고 달이를 찾았다. 내가 그 장면을 보고 황급히 봉구를 잡아 다시 개집에 묶었지만, 달이는 그날 밤 늦도록 집안으로 들어오지 않았다. 무서워서 마당을 거쳐 집안으로 들어올 수가 없었던 거다. 우리가 걱정하는 동안 숨어 있다가 밤늦게야 방으로 돌아왔는데, 온몸이 흙투성이었고 다리를 절었다. 그날 이후 달이는 봉구만 보면 자동으로 심실세동 현상을 보였다. 달이 엉덩이에는 빵꾸가 났다. 다행히 상처는 깊지 않았다. 아마도 봉구는 장난을 쳤을 것이다. 봉구가 정말 물 생각이었으면 달이는 그날로 영면에 들었을 게 틀림없다.

봉구는 그런 놈이었다. 봉숙이를 위해 봉구를 입양한 우리 생각에는 문제가 있었다. 봉숙이는 이제 자유에 대한 갈망 외에도 봉구 스트레스까지 안고 살아야 하는 처지가 됐다. 어찌됐건, 생각해보면 모든 문제의 시작은 봉숙이를 묶어 키울 수밖에 없던 데 기인했다. 나는 우리 집에 함께 사는 동물들을 좋아한다. 비록 아내와 애들에게는 마초 같은 아빠가 동물들을 사랑한다는 걸 들키고 싶지 않아서 툭하면 '저놈의 새끼, 보신탕집에 갔다 줘야지'라며 구박하는 척해도, 사실은 동물들을 많이 사랑한다. 그러나 그 사랑에는 대가가 있었다. 사랑하는 동물들을 가두고 줄에 묶어 키운다는 건 참 어려운 일이다. 봉숙이가 매일 슬픈 눈으로 내게 줄을 풀어달라고 애원하는 걸 보고 있기란 정말 힘들다. 봉구가 그 큰 개집을 벗어나려고 철컹철컹 점프할 때 목줄이 얼마나 목을 조여대는지, 보기에 많이 안쓰럽다. 시간을 돌려 5년 전으로 돌아간다면 나는 봉숙이를 데려오지 않았을 것이고, 봉구도 입양하지 않을 것이다. 그러나 후회해도 소용없다. 물론 내가 좀더 부지런해서 봉구와 봉숙이를 매일 산책시킨다면 상황이 좀 나아질 것이다. 그러나 나는 나대로 살림살이와 직장 일에 바빠 매일 산책을 시킨다는 건 어림없는 일이다. 장애인인 아버지는 물론이고 노모나 아내의 힘으로는 녀석들을 감당할 수 없다. 결국 타협점으로 휴일에만 한 번씩 산책을 시킨다. 녀석들은 일주일에 한번 내가 산책시키는 날만 기다리며 산다. 그런 녀석들에게 나는 해묵은 죄의식을 가지고 살고 있다.

그에 비하면 스페인의 개들은 어찌 그리 행복한가 말이다. 분명 스페인의 개 주인들도 나 같은 문제가 있었을 터인데. 스페인의 개 주인들이 부자라서 개들을 놓아 키운 건 아닐 것이다. 그렇게 생각하면 동남아 개

주인들을 이해할 길이 없을 테니까. 내 생각엔 개를 키우는 문화에 차이가 있는 것 같다. 태국 등 동남아에선 개를 만지지 않는다고 들었다. 개는 그냥 개로서 존재하고 인간의 소유물도 아닌 듯했다. 그러하기에 구태여 개를 가두고 묶어 키울 일도 없었을 것이고, 개들이 스트레스를 받으며 클 일도 없었을 것이다. 스페인의 개들도 그랬다. 묶고 가두고 하는 일이 없어서 그런지 개들이 대부분 다 온순했다. 특별히 사람을 위협하는 개들을 보기 힘들었다. 어떻게 보면 우리나라에서 자라는 개들은 유독 갇히고 묶여 어려서부터 스트레스를 감당하기 어려운 것 같았다. 왜 안 그렇겠나, 사람이나 개나 갇히고 묶이는 일에 면역이란 게 있을 수 없을 것이다.

알타미라 동굴벽화가 있는 산티야나 델마르의 시골집으로 오면서 우리는 '숙원사업'이었던 삼겹살을 구했다. 스페인 말로 '빤세타'였는데, 그동안 삼겹살 찾기가 여간 어려운 게 아니었다. 가까스로 삼겹살을 구한 날 저녁, 우리는 삼겹살에 와인을 먹으며 이야기꽃을 피웠다. 비록 빤세타로 알고 산 삼겹살이 사실은 베이컨이었음을 나중에 알고 절망하긴 했지만, 식구들과 함께하는 술자리가 그날따라 좋았다. 와인이 좀 과했는지, 아니면 잘못 산 빤세타가 가져온 절망 때문이었는지, 과일을 깎다가 그만 과도에 손을 베었다. 막내가 "아이고, 또 사고네. 어째 하루 건너 하루를 못 피하나" 했다. 식구들이 염려하는 가운데 종이를 태운 재를 발라 지혈을 했고, 베인 손가락을 쥐고서도 아이들이 먹여주는 안주를 삼키며 취기를 더했다. 그러던 중 내가 '낮에 본 개와 거창의 봉구 봉숙이'에 대한 내 생각을 이야기했고, 가족들도 모두 공감했다. 그래서 취중에 선언을 했다. "나 이제 거창에 가면 봉구 봉숙이 다 풀어서 키울 거야." 내 선언에 아내와 아이들은 쌍수를 들어 환영했고, '아빠 최고!'를 연호했다. 다음날 아침에 '아빠가 한 말 꼭 지킬 것을 믿는다'고 확인까지 하는 아이들에게 내가 말했다. "말도 안 돼. 봉구 봉숙이 풀어 키우면 아빠 감옥 가."

피코스 데 에우로파 협곡 트래킹

피코

피코 고양이, 피코 염소

피코 트래킹

이번 유럽 여행에서 본 가장 뛰어난 풍광을 꼽으라면 단연 피코스 데 에우로파(Picos de europa) 국립공원에 속해 있는 카인 마을 협곡이다. 피코스 데 에우로파('유럽의 봉우리들'이라는 뜻)는 유럽 마지막 야생 산악지대 중 하나다. 이 석회암 협곡은 스페인 북부 해안 가까이, 아스투리아스와 칸타브리아 사이로 40킬로미터쯤 뻗어 있고, 가장 높은 봉우리는 높이가 2,648미터에 달한다. 때가 6월 말인 여름인데도 자동차로 접근하는 고갯마루 위에서 봉우리의 만년설을 볼 수 있었다. 협곡 깊은 곳으로 가면 갈색곰, 늑대, 스라소니, 콘도르, 멧돼지 등도 볼 수 있다고 했다. 호기심에도 불구하고 갈색곰을 만나고 싶진 않았다. 그래도 혹시 몰라 가족들 몰래 나무막대기 하나 슬며시 주워들었다가 혼자 머쓱해 버렸다. 다행히 우리 가족이 트래킹 중에 만난 동물은 염소 가족뿐이었다.

이 국립공원으로 오는 길은 많이 험난했다. 공원으로 향하는 고속도로에서 네비게이션을 확인했을 때 불과 50킬로미터 남짓 가는 데 두 시간 걸린다고 나왔다. 설마 했는데 정말 그랬다. 흡사 우리나라 대관령 옛 도로를 네 배쯤 가는 느낌이었다. 이 국립공원은 스페인 북부 외진 산맥에 있으므로 패키지 여행을 하는 대다수 한국 관광객이 접근하기 어렵다. 이런 비경을 찾아갈 수 있다는 것이 자유여행의 매력일 것이다. 물론 사고투성이 역경을 감수할 수 있다면 말이다. 광활하고 험준한 이 공원을 감상하기 위해 우리 가족이 택한 경로는 카인 마을이었다. 많은 방문객이 세 개의 큰 협곡 한가운데에 위치한 작지만 분주한 마을 포테스에 여장을 푼다고 한다. 그곳에서부터 자동차로 푸엔테데까지 가서 케이블카를 타면 루트의 절반 정도는 손쉽게 올라갈 수 있기 때문이다. 그러나 케이블카보다 트래킹을 선택한 큰딸은 보다 한적하고 트래킹에 적합한 루트인 카인 마을을 택했다. 우리 숙소는 카인 마을에서 20분 떨어진 산타마리아 데 발데온에 있었다. 다음날 트래킹을 하면서 우리는 딸이 또 한번 좋은 선택을 했다는 사실을 확인했다.

홀리오랑 라우라라는 젊은 부부가 운영하는 산타마리나의 숙소는 말하자면 등산객들을 위한 산장 같은 곳이었다. 우리 네 가족이 모두 들어가는 3층의 작은방에는 이층침대가 두 개 있었다. 그 외엔 아무것도 없었다. 학교 기숙사보다 좁았지만, 그러나 정갈하고 고요했다. 식사나 휴식은 방이 아닌 아래층 카페를 이용했다. 맥주도 마실 수 있고, 간단한 스페인 또르띠아와 커피도 팔았다. 저녁에는 제법 정식다운 요리도 주문할 수 있었다. 저녁을 만들어 먹을 수 없는 환경이어서 스페인 요리를 주문해서 먹었다. 저녁과 함께 주문한 와인은 하우스 와인인지 와인 맛이 그럴 듯했다. 유럽이 거의 그렇지만 스페인 역시 싸고 좋은 와인이 많았다. 우리는 스페인과 프랑스를 자동차로 여행하면서 왜 유럽에 와인이 싸고 좋은지 금방 알 수 있었다. 창밖에 보이는 풍경이 시골이라면 거기엔 어김없이 올리브와 포도밭이 있다. 하도 포도밭을 많이 봐서 '유럽 사람들은 포도만 먹고 사나' 싶을 정도였다. 그러니 와인이 쌀 수밖에. 음식점에 가면 와인이 2유로인데, 물도 2유로였다. 우리나라 사람들이 제일 아까워하는 게 물값이

다. 우리나라 어느 식당엘 가도 물값을 따로 내야 하는 식당은 없다. 그러니 물 한잔 값으로 와인 한잔 값을 내야 하니, 물값이 아까워 환장할 노릇. 그러니 식당에 가면 물 대신 와인을 주문한다. 그게 내가 와인에 늘 취해 있었던 이유였을 게다.

카인 마을에서 협곡을 지나 만나게 되는 다음 마을까지는 오솔길(시쳇말로 둘레길 같다)로 왕복 12시간쯤 걸린다. 우리 가족이 무리를 하면 트래킹 길을 왕복할 수 있었겠지만, 다음 여정이 있어 처음부터 절반만 다녀오자고 했다. 숙소에서 간단히 빵과 음료로 조식을 해결하고, 가방에는 점심 끼니 대용으로 카페에서 산 비스킷과 음료수를 넣었다. 늦잠 자는 다른 손님들을 깨우지 않으려고 조용히 숙소를 나와 카인 마을 옆구리로 난 트래킹 길 입구로 향했다. 길 입구에 근접한 마지막 집을 지나는데 고양이 식구들이 태닝을 하고 있었다. 어미 고양이와 새끼 고양이 너댓이 우리 가족을 물끄러미 바라보았다. 아내는 집에 두고 온 고양이 달이가 생각나서 마음이 아팠다. 석회암 협곡이라서 그런가보다. 수천 년 세월에 깎여왔을 협곡은 그 깊이가 정말 천길 낭떠러지다. 깊은 계곡 사이로 이무기 몸통 같은 물줄기가 급한 경사를 세차게 달려 내려간다. 당연히 래프팅은 불가능해 보였다. 보트든 사람이든 험준한 바위에 튕겨 산산조각이 날 게 뻔했다. 계곡 아래로 보면 현기증이 나는 엄청난 경사와 물줄기에도 불구하고 우리가 걷는 트래킹 길은 마냥 평온했다. 길과 물줄기가 멀어서 물소리도 잘 들리지 않았다. 길은 평탄한 흙길. 길가에 풀들과 꽃들은 저마다 어깨 위에 유월의 따스한 볕을 목도리로 두르고, 나비도 바람도 달리지 않고 우리와 함께 걸었다. 눈을 감고 포근한 흙길을 걸어도 좋을 것 같은데, 한걸음 삐딱하면 천길 낭떠러지다. 카인 협곡은 평화로움과 위태로움이 천만 년 세월 속에 수직으로 나란히 걸려 있었다. 그 엄청난 대비가 아름답고도 비현실적이었다.

협곡 오솔길을 절반쯤 걷고 있을 때, 이 협곡의 주인쯤 되어 보이는 일행과 마주쳤다. 어미염소를 따라 마실 나가는 다섯 염소형제들. 어미염소 목에 종이 달려 있지 않았다면 그 당당하고 여유로운 폼새로 볼 때 가축이라고 생각하지 않았을 것이다. 오솔길이 좁은 탓에 우리는 염소가 지나가도록 길을 비켜주었다. 마침 작은딸이 배낭에 점심으로 싸온 비스킷이 있다는 걸 기억하고는 비스킷을 한 조각 내줬다. 그런데 반응은 상상 이상. 촌놈들이 비스킷 맛을 보더니 사정없이 달려들었다. 달려드는 염소떼 때문에 딸아이가 좀 위태로워 보였다. 그래서 딸의 손에서 비스킷을 뺏어들고 내가 비스킷을 들고 나눠주려 했는데, 염소들이 더 극성스럽게 달려드는 것 아닌가? 순간 왈칵 겁이 났다. 저 녀석들이 비스킷에 미쳐서 나를 확 밀치기라도 하면 천길 낭떠러지로 낙하할 수도 있었다. 후다닥 비스킷을 버리고 염소들에게서 떨어졌다. 카인 협곡에서는 곰이 아니라 염소도 무서울 수 있었다.

되돌아오는 길에 다시 염소떼를 만났다. 녀석들은 유유자적이어서 그리 많이 가지 못했다. 저렇게 세월아 네월아 길가에 핀 풀들 뜯어먹으며 협곡의 기나긴 둘레길을 매일 오갈 것 같은 염소들. 녀석들의 가느다란 다리에 무슨 힘이 그렇게 숨겨져 있을까. 이 녀석들도 우리나라 염소들처럼 발굽이 뭉툭했다. 그런데 신기하게도 그 뭉툭한 발굽과 가느다란 다리로 절벽을 잘도 오르내린다. 어미한테서 뒤처진 막내염소가 그랬다. 저 혼자 20~30미터 뒤처져서 따라가는데, 막내가 가는 길은 길이 아니다. 절벽 군데군데 아슬아슬하게 손바닥 반만한 공간을 타고 다닌다. 서커스 같아 재밌다가도 그 아래 까마득한 낭떠러지를 보면 나라도 내려가서 구해줘야할 것 같은 상황이다. 그런데도 어미나 형제들은 막내의 뒤처짐을 신경도 쓰지 않는 눈치다. 염소 뒤를 따라가는 내내, 다음날 스페인 공영방송에 카인 협곡 오솔길에서 막내염소가 추락사했다는 기사를 볼 것 같은 느낌이었다.

협곡 사이로 난 트래킹 길은 자연적으로 조성된 길이 아니었다. 트래킹을 하는 흙길도 훌륭했지만 중간중간 발 디딜 자리가 없어 길이 끊어지면 바위 측면에 굴을 뚫어 바위산 속으로 길을 만들어놓았다. 그런 터널이 한두 개가 아니었다. 누가 조성한 길인지 몰라도 수많은 세월 동안 노동력과 생목숨이 바쳐진 길 같았다. 특히 협곡 오솔길보다 2미터쯤 높은 곳에서 오솔길을 따라 이어진 수로의 규모와 아름다움은 경탄을 자아냈다. 수로의 모습이 궁금해서 오솔길 중간에 수로 위로 올라가보았다. 깊이를 알수는 없었는데, 물 색깔로 보아 족히 몇 미터는 될 정도의 깊이였고, 폭이 5미터가 넘는 수로였다. 그런 수로가 트래킹 길 길이만큼 길을 따라 만들어져 있었고, 그 수로는 전체가 모두 성벽처럼 돌을 깎아 만들어져 있었다. 대자연에 대항하는 인간의 역사를 보는 듯했다.

산 티 아 고 데 콤 포 스 텔 라의 순 례 자 들

순례자

콤포

콤포 돼지귀, 콤포 맥즈

마술사, 악사, 테너

스페인 북서부 갈리시아 지방의 도시 산티아고 데 콤포스텔라는 예루살렘과 로마에 버금가는 그리스도교 3대 순례지의 하나다. '산티아고'는 그리스도 12사도 중 야고보의 스페인어 이름이고, 정확한 어원을 알기 어려운 '콤포스텔라'는 라틴어로 '별'(campus stellae)이라는 설이 있다. 9세기에 에스파냐의 아스투리아스 왕국에서 그리스도교를 포교한 사도 야곱의 유체(遺體)가 있는 장소를 가리키는 별이 나타났다고 믿은 알폰소 2세에 의해, 이곳에 성당이 건설되었다고 한다. 이베리아 반도 북쪽을 통과하여 스페인-프랑스의 국경지대로부터 산티아고 데 콤포스텔라 시까지 800킬로미터가 넘는 좁은 길, 5개의 자치 단체와 100개가 넘는 마을을 지나는 순례를 위한 길이 바로 산티아고 순례길이다.

고작 20일 유럽 여행에 나선 우리 가족이 순례길을 다 걸을 수는 없었다. 그래서 처음부터 순례길의 목적지이며 종착역인 산티아고에만 가보기로 했다. 산티아고에는 우리 같은 여행자도 많았지만, 남루하고 지쳐 보이는 순례자도 많았다. 순례자들은 한 번에 특정 구간만 순례하는 방식으로 여러 차례 방문하여 순례길을 완주하는 사람도 있었고, 한 번에 800킬로의 순례길을 완주하고 산티아고로 입성하는 사람도 있었다.

산티아고 데 콤포스텔라 대성당은 1075년 디에고 데 펠라에스 주교의 명으로 지어졌으며 1211년에 완공됐다. 그 후 오랜 기간에 걸쳐 증축됐고, 계단 위에 위치한 주 출입문 양쪽에는 다윗과 솔로몬의 상이 서 있었다. 내부 예배당은 순례길을 따라 서 있는 다른 교회들과 비슷했다. 예배당 전체가 십자가 모양으로 배치돼 있어 십자가가 교차하는 위치에서 신부가 강론을 하면 왼쪽 오른쪽 아래쪽에 배치된 좌석에 앉은 신자들이 모두 중앙 강단을 볼 수 있게 돼 있었다. 내가 본 영화에서는 대성당 안에서 연기가 피어나는 향로가 앞뒤로 매단 줄에 의해 휙 날아가는 향로 의식이 있었다. 향로 의식은 특별히 누군가 기부를 많이 하면 치러진다고 한다. 매일 있는 제의가 아니라서 운이 좋아야 볼 수 있다고 했다. 마침 그곳에서 만난 한국인 수사의 이야기에 의하면 어제 향로 의식이 있었다고 했다. 그래서 우리 가족이 향로 의식을 볼 수 있는 가능성은 크지 않았지만 신자인 아내와 막내는 향로 의식이 있든 없든 미사는 보겠다고, 입장객이 줄지어 서 있는 긴 줄을 따라 예배당으로 들어갔고, 나와 소연이는 성당 광장의 구경거리를 찾아 다녔다.

산티아고 데 콤포스텔라 대성당은 성인 야고보를 따라 신앙의 깊이를 단단히 하는 성지이기도 했고, 순례길을 걸어온 수많은 순례자들이 순례를 마치는 종점이기도 했으며, 순례길만큼 거칠고 험난했던 인생을 내려놓고 한바탕 울음을 풀어놓는 곳이기도 했다. 그때문일까, 대성당 앞 넓은 광장에는 다른 곳에서 보기 힘든 광경을 볼 수 있었다. 광장을 구경 다니는 사람보다 돌바닥에 앉아 있는 사람들이 더 많았다. 800킬로미터라는 어마어마한 여정의 끝에서 더이상 다리에 힘이 남아 있지 않아서일까. 아니면 험한 인생의 파도에 밀려온 자신을 신 앞에 왈칵 내려놓은 모습일까. 광장 가운데 남루한 행색의 백인 아저씨가 가방을 옆에 내려놓고 주저앉아서 마치 이슬람교도처럼 허리를 연신 굽히고 있는 모습이 보였다. 행색으로 보아서는 800킬로미터를 완주하고 지금 막 대성당에 다다른 사람 같았다.

내가 산티아고 순례길을 처음 알게 된 건 우연히 TV에서 보게 된 〈나의 산티아고〉라는 영화 때문이었다. 독일인 유명 코미디언이 심장병 진단을 받은 후 모든 일상을 중단하고 순례길을 걸으며 불평하고, 좌절하고, 깨닫고, 감동하고 인생의 참 의미를 찾아가게 된다는 테마의 영화였다. 대성당 앞에서 하염없이 허리를 굽히고 있는 백인 아저씨를 보면서 문득 그 영화가 떠올랐다.

종교를 가지고 있지 않은 내게도 나만의 순례길이 있었다. 1984년 봄이었으니까 무려 34년 전. 내 나이 열아홉이었다. 공부도 안했지만 대학 진학에 뜻이 없던 나는 고등학교를 졸업하고 서울 시흥동 반지하 셋방에 틀어박혀 무기력한 하루하루를 보내고 있었다. 일찍 사회문제에 눈을 떴던 나는 '노동운동'의 길을 선택했지만 뜻대로 잘 되지 않았고, 골방에 주저앉아 시 나부랭이를 끼적이다가는 찢어버리고 애꿎은 소주병만 쓰러트리는 룸펜이 되고 있었다. 답답한 일상을 무의미하게 보내던 중 문득 여행을 떠나고 싶어졌다.

당시 부모님은 사업에 실패하시어 시흥시장에서 노점을 하고 계실 때였다. 내게 여행 경비를 보태줄 여유가 당연히 없으셨다. 나는 집에 있던 1인용 낡은 텐트 하나, 쌀 한 자루, 등산용 버너, 옷가지 몇 벌과 교통비로도 모자랄 몇만 원을 챙겨들고 무조건 수원역으로 갔다. 수원역에서 내려서는 1번 국도를 따라 남쪽으로 걷기 시작했다. 어디로 가야 한다는 목적지도 없었다. 그저 쌀과 텐트가 짓누르는 무게만이 내 앞에 펼쳐질 인생의 무게라도 되는 듯 앞만 보고 걸었다.

해질녘이면 마음이 바빠졌다. 돈이 없으니 도심에서 잘 수는 없고 어디 야산이라도 나와야 산 위에 텐트를 치고 잘 수 있었기 때문이다. 그래서 해질녘에 적당한 야산을 만나면 반가웠다. 이름 모를 야산에 올라가면 꼭 무덤들이 있었다. 무덤 주변은 비교적 평평했고, 적당한 경사가 있어서 비가 와도 안전했다. 무덤 옆에 텐트를 치고 밥을 지어 고추장 하나를 반찬으로 시장한 배를 채웠다. 아침이 오면 텐트를 걷고 씻을 곳이 없으니 그냥 새집 진 머리를 한 채 텐트를 걷어 다시 길을 떠났다. 그렇게 일주일쯤 걸어 내 고향 대전에 도착했다. 고등학교 때 함께 문학서클에서 친했던 동기를 만나 술 한잔 하고 다음날 대전발 영시 오십분 비둘기호 기차를 타고 부산으로 갔다. 태종대 앞 바다가 보고 싶었다. 태종대 바다를 보고 나서 나는 다시 걸었다. 울산, 포항, 영덕, 삼척, 동해를 지나 속초 설악산까지 걸었다. 동해안을 하염없이 걷고 있을 때, 포항을 지난 어디쯤이었다. 멀리 바다가 보였고, 바닷물에 발을 담그고 싶어 해변으로 뛰어갔는데, 푸른 바다와 나 사이를 철책이 가로막을 거라고는 예상하지 못했다. 동해 남쪽에서 북쪽까지 한반도 등줄기 전체에 물샐틈없는 철책이 가시처럼 박혀 있던 시절이었다. 철책 앞에 주저앉아 한참동안 격자로 낙인이 찍힌 푸른 바다를 바라봤다. 열아홉 나는 무슨 생각으로 그렇게 하염없이 울고 있었을까. 아마도 분단에 대한 실감 같은 대의는 아니었을 것이다. 그보다는 희망과 절망 사이에 놓인 스스로가 한심하고 안타까웠기 때문이 아니었을까. 스스로에 대한 사랑만큼이나 스스로를 미워하고 있었던 시절이었으니까. 속초까지 걸은 나는 설악산을 둘러보고 속초에서 버스를 타고 집으로 왔다. 우리나라를 한 달간 걸었던 셈이었다. 살면서 생각해보면 그때의 그 순례는 내 인생의 통과의례였으며, 내가 살아온 모양을 결정하는 데 보이지 않게 큰 영향을 끼쳤던 것 같다.

대성당 광장 주변에는 플루트를 부는 악사, 자기 앨범을 팔며 가곡을 부르는 가수, 공연을 하는 마술사 등 관광객을 상대로 문화적 볼거리를 제공하는 길거리 예인들도 많았다. 대개는 공연의 특성에 따라 선호하는 자리가 있는 듯했다. 마술사는 관객들이 계단에 앉아 볼 수 있게 큰 계단 밑에서 공연을 하고, 플루트를 부는 악사는 플루트 소리가 잘 울려퍼지는 큰 골목을 좋아하고, 성악가는 성당의 일부이기도 한 아치형 터널 아래에서 노래를 불렀다. 터널이 울림통이 되어 노랫소리에도 성스런 느낌이 묻어났다. 우리 가족은 성악을 하는 이름 모를 가수가 부르는 노래를 감상했다. 워낙 목소리가 좋아서 내 귀에는 이탈리아의 테너 루치아노 파바로티가 살아 돌아와 공연을 하는 것 같았다. 넉살 좋고 잘생긴 테너 가수는 사람들에게 따라 부르라고 추임새를 넣었고, 흥이 난 늙은 관광객 부부는 즉석에서 춤을 추기도 했다. 음악을 좋아하는 아내는 나보다 더 집중해서 노래를 들었다. 언뜻 보니 아내의 눈가에 이슬이 맺혔다. 나중에 내가 왜 울었냐고 물었더니 아내는 '우리 가족이 신티아고 성당 밑에서 좋아하는 가곡을 라이브로 듣고 앉아 있는 현실이 너무나 감격스러워 자신도 모르게 눈물이 났다'고 했다.

우리는 여행객들과 순례자들에게 저렴한 가격으로 숙박을 제공하는 아베니다 퀴로가 팔라키오스에 미리 침대 네 개를 예약했다. 이 숙소는 신학교였던 건물을 그대로 여행자 숙소로 용도를 바꾼 것 같았다. 건물 외부에 주차장도 넓어서 유럽에서는 참으로 오랜만에 걱정 없이 주차를 했다. 건물 네 층이 모두 침실인데, 각 층에 여러 개 큰 방이 있고, 각 방에는 스무 개도 넘는 개인 침상이 도열해 있어 흡사 야전병원 같았다. 각 침상마다 간단한 짐을 보관할 수 있는 수납장이 딸려 있고, 입실할 때 일회용 침대보와 베개 커버도 주는 등 관리가 아주 깔끔하고 체계적으로 돼 있었다. 다만 침실에서는 절대 대화를 해서는 안 되며, 이국의 남녀 여행자가 혼숙을 하므로 에티켓을 지키는 것이 중요해 보였다. 도대체 얼마나 많은 여행자와 순례자가 묵는지 어림이 안됐다. 각 층에는 샤워실도 있고 복도마다 간단히 책을 읽거나 쉴 수 있는 테이블도 있었다. 투숙객 가운데 상당수는 정기적으로 이 시설을 이용하는 듯, 씻고, 쉬고, 자는 모든 행위가 편안해 보였다. 침대보와 베개 커버를 씌우고 침대에 들어갔는데 잠기지 않는 사물함이 불안해서 휴대전화와 카드 등 귀중품을 어찌해야 하나 잠시 걱정했다. 주위를 둘러보니 흑인 청년 한 명과 동남아에서 온 듯한 소년이 잠을 청하고 있었는데, 여행 초반부터 도난사고를 겪은 악몽 때문에 걱정이 되었던 것이다. 그렇지만 여기는 성지 한가운데였다. 의심보다는 믿음으로 잠을 청하기로 했다. 다만, 우리 여행의 마지막 보루인 신용카드 한 장만은 내 엉덩이 아래 집어넣었다. 나는 무신론자였으므로.

　다음날 아침식사를 하기 위해 지하층으로 갔다. 지하 한 층은 대형 식당과 매점, 코인 세탁기와 취사장이 있었다. 가난한 여행객이 밀린 빨래를 하고, 밥을 지어 먹고, 식판에 음식을 담아 식탁에서 식사를 할 수 있게 모든 편의시설이 원스톱으로 되어 있었다. 내가 밥을 짓고 계란 프라이를 하는 동안 아내는 밀린 빨래를 넣고 빨래를 돌렸다. 아침은 한국에서 가져온 카레를 데워 갓 지은 밥에 올린 카레밥을 먹을 생각이었다. 그런데 변수가 생겼다. 카레는 2인분짜리 두 개인데 손님 두 명이 더 생긴 것이다. 검은 옷을 입은 젊은 한국인 수사님과 그의 노모를 만났다. 아내도 막내도 가톨릭 신자였으므로 멀리 이국에서, 그것도 성지에서 만난 한국인 수사와 그의 모친을 모른 척 지나칠 리 없었다. 서로 반갑게 인사를 하고 한 테이블에 앉자마자 수다가 시작됐다. 멀리 취사장에 있던 나는 아침 준비를 혼자서 해야 함을 금방 알아차렸다. 카레가 좀 부족하겠지만 함께 먹어야 할 분위기였다.

　수사는 아주 어렸을 때, 초등학생 나이에 어머니에 의해 로마로 보내졌다고 한다. 그때부터 수가가 되기 위한 수련을 했으며 지금은 장성한 수사가 되었다. 그 자신이나 어머니나 수사로의 성장을 몹시 자랑스러워하는 것 같았다. 그 어린 나이에 말도 통하지 않는 로마에서 수사가 되기 위해 외로운 시간을 이겨냈을 어린 아들의 성장통도 그렇게 아름답고 자랑스러울 수 있었을까 잠시 생각해보았다. 종교가 가진 비정함을 나는 이해할 수 없었지만 그들 모자의 얼굴에서 그늘을 찾아볼 수 없었기에 내 마음대로 판단해서는 안 된다고 생각했다. 수사의 모친은 800킬로미터의 순례길을 완주하러 매년 이곳을 찾는다고 했다. 순례가 끝나고 한국으로 돌아가면 바로 이듬해 비행기표를 예매한다고 했다. 남들은 한 번도 어려운 순례길 완주를 매년 하고 있을 만큼 독실한 신자이니 로마에서 수사가 된 아들이 자랑스러울 만도 했다. 수사와 어머닌 두 딸의 재기 넘치는 대화에 폭 빠졌고, 두 딸과 아내는 수사 모자의 신앙심과 종교적 정진에 감동하는 것 같았다. 나야 뭐 신앙이 없는 사람으로서 카레 따로 밥 따로 여섯 세트와 계란프라이, 한국에서 가져온 볶은김치와 김 등을 세팅하느라 여념이 없었는데, 수다에 빠진 다섯 명은 머슴에게 눈길 한 번 주지 않았다. '유럽 여행을 할 때는 그때만이라도 신자가 되는 게 좋다.' 다행히 설거지는 아내와 두 딸이 도와줬고, 이국에서 만난 수사 모자와 작별하고 우리는 다음 여행지로 출발했다.

카우치 서핑으로 만난 귀한 인연

비고

공원

마차

비고 안나 편지

비고 카펫과 강아지

비고 해변

큰딸 소연이가 유일하게 '카우치 서핑'으로 일박을 예약(?)했다. 그 숙소가 위치한 곳이 비고(Vigo)였다. 비고는 스페인 북서부 폰테베드라 주(州)에 속한 항구도시. 포르투갈과 국경을 마주보고 있고 조선업과 수산업이 발전한 인구 30만의 중소도시다. 딱 우리나라 군산시 정도의 규모다. 지금껏 보았던 스페인 관광지들하고는 분위기가 사뭇 달랐다. 우리나라 울산이나 포항과 같이 다소 딱딱했다. 스페인이나 유럽을 여행하는 사람들이 일부러 찾아볼 만한 도시는 아니었다. 그러나 비고는 우리 가족에게 이번 유럽 여행 동안 가장 잊히지 않는 아름다운 여행지가 되어주었다.

나는 소연이에게 듣고서야 '카우치 서핑'을 처음 알았다. 딸은 스페인 북부 비토리아 대학에서 일년 간 교환학생으로 수학하는 동안 스페인은 물론 프랑스, 포르투갈, 북아프리카, 터키 등 유럽 여러 나라를 물 만난 고기처럼 헤엄쳐 다녔다. 딸은 아빠로부터 경제적 원조를 충분히 받지 못해 저렴한 여행 방법들을 모색해야 했다. 그 대표적인 방법이 '히치하이킹'과 '카우치 서핑'이었다. 그러나 애비 된 입장에서 두 여행 방법에 안심이 될 리 없다. 세계가 얼마나 흉포한가. 지나가는 이방인을 서로 어떻게 믿겠는가. 사이코 같은 범죄자들이 차로 여성들을 유인해서 납치하고 살해하는 사건이 넘겨나는 세상이다. 위험하다고 당연히 말렸지만 말린다고 들을 소연이가 아니었다. 몇 달 전 네이버에 연재한 딸아이의 여행기를 보았다. 히치하이킹을 하다가 음탕한 시도를 하는 중년사내를 피해 도망치듯 내린 곳이 깜깜한 파리 고속도로 톨게이트 근처였다. 12차선 톨게이트를 무단

횡단해야 했고, 칠흑 같은 야산을 헤매고 다녔다는 여행기를 읽고 나서, 내 걱정은 더 심해졌다. 다행히 딸도 그때의 경험으로 히치하이킹은 너무 위험하다는 생각을 갖게 된 것 같다. 그러나 '카우치 서핑'은 여전히 딸아이가 자주 이용하는 여행법이다. 딸은 가족들에게 자신이 경험해온 카우치 서핑을 통해 여행의 깊이를 알게 해주고 싶었다고 한다.

카우치 서핑은 여행자가 잠잘 수 있는 '소파(couch)'를 '찾아다니는 것(surfing)'을 말한다. 전 세계 배낭여행자들과 그들을 사랑하는 현지인들이 모인 커뮤니타다. 새로운 문화나 언어, 사람을 접하는 걸 좋아하는 현지인들은 무료로 자신의 빈방이나 소파를 내어준다. 가난한 배낭여행자들은 무료로 그들 집에 머물며 현지 문화를 더 깊이 이해하고 그들과 대화를 나눌 수 있는 기회를 얻는다. 여행자들은 자신들을 기꺼이 초대해주는 고마운 호스트들을 위해 악기를 연주해주거나 자기 나라 음식을 만들어주는 등 재능기부를 통해 즐거운 시간을 만든다. 또 여행이 끝나고 본국으로 돌아갔을 땐 자신이 호스트가 되기도 한다. 소파의 선순환, 아마도 카우치 서핑은 이렇게 설명될 수 있을 것 같다. 소연이는 여행 전에 미리 가족들에게 카우치 서핑 1박을 일정에 포함하겠다고 동의를 구했다고 했지만, 카우치 서핑을 에어비앤비 같은 민박 커뮤니케이션의 다른 브랜드쯤으로 인지한 무식한 부모는 아무 생각 없이 동의했으므로, 딸아이가 그런 동의를 구했는지조차 기억을 못했다. 막상 비고로 향하는 차 안에서 우리가 무료 숙박을 하러 비고로 간다는 이야기를 듣고 나니 왠지 맘이 편치 않았다.

"소연아, 뭐 숙박비 절감되고 좋기는 하지만…… 우리가 숙박비가 없는 정도로 재정이 아쉬운 것도 아닌데…… 싼 민박 금액이라도 지불해야 하지 않을까?"

"아냐 아빠, 카우치 서핑은 금전을 주고받지 않게 되어 있어."

"그래도, 한 사람도 아니고 가족이 다 신세를 지는데…… 그럼 뭐 선물이라도 사가지고 가야 할 것 같은데……"

"정 마음에 걸리면 선물보다는 저녁을 대접하면 어떨까? 원래 카우치 서핑은 잠자리만 제공하니까 우리가 그 집에서 어차피 밥을 해먹어야 하잖아. 그러니까 그 사람들이 좋아할 만한 한식을 우리가 만들어서 저녁을 대접하면 어때?"

"아 그래, 정말 좋은 생각이다. 니 엄마 요리 솜씨면 맛있게 먹을 거야."

난데없이 요리솜씨를 칭찬하는 이유를 아내가 모를 리 없다. 그때까지 부녀의 대화를 듣고 있던 아내가 말했다.

"그러니까 날더러 숙박비 대신 요리를 해다 바쳐라? 참내. 동그랑땡과 감자전, 그리고 모두 도와야 해."

마치 이런 상황을 예상이라도 한 것처럼 선선히 꺼낸 메뉴에 모두들 기가 막힌 생각이라고 찬성했다. 다만 막내가 한 가지를 덧붙였다.

"계란찜 추가. 계란찜은 내가 만들게. 분명 좋아할 거야"

초인종 소리에 문을 연 집주인 안나는 사십대 초반으로 보였다. 문 바로 옆에 우중충하게 뭉쳐져 있는 카펫 뭉치와는 달리 늘씬하고 쾌활한 여자였다. 만나서 반갑다, 나는 안나다, 어서 들어와라, 편하게 앉아라, 뭐 마실 거라도 줄까, 트렁크는 이쪽으로 놓으면 된다, 얘는 카펫이다, 등의 이야기들을 순식간에 쏟아냈고, 잠시라도 웃음기가 섞이지 않은 목소리로 말하면 손님이 불쾌해할 거라고 생각하는 배려 깊은 여자였다. 그리고 문 옆 카펫은 '카펫'이 아니었다. 할머니 라면파마만큼 곱슬곱슬 말려 있는 털이며, 그 털에 가려 위치도 찾을 수 없는 눈이며, 일년에 한 번도 빨지 않는 더러운 카펫에서만 날 수 있는 냄새며, 얼룩을 가리기에 충분한 짙은 브라운이며, 우울증을 의심하게 하는 깊은 침묵 때문에 딱 카펫 뭉치인 줄 알았는데, 주인 말에 의하면 그 카펫은 이 집 식구 중 하나인 멍멍이였다. 카펫은 반갑다고 딱 몇 번 짖더니 원래의 현관 자리로 돌아가 또다시 묵언 수행을 시작했다. 안나는 우리가 스페인 어디를 어떻게 돌아다녔는지 물었고, 우리는 대강의 여정에 대한 보고와 앞으로의 여행 계획을 설명했다. 그리고 당장 오늘 저녁 우리가 당신의 초대에 감사하는 뜻으로 멋진 한식을 대접할 계획이라고 말했다. 안나는 손뼉을 치며 멋진 계획이라고 좋아했다.

안나는 보통 수준의 영어를 구사할 수 있었다. 그래서 영어가 부족한 나도 일부 쉬운 말은 알아들을 수 있었다. 내가 잘 못 알아듣는 듯하면 눈치 빠른 딸이 통역을 해줬다. 안나와 남편 브레시오는 우리나라 식이라면 부부가 아니다. 그냥 애인 사이인데 16년 동안 같이 살고 있다. 굳이 결혼식을 올리고 서류를 하나로 해야 할 이유를 못 찾아서 결혼을 하지 않은 거다. 사실혼 상태인 거다. 둘 다 아이 생각이 없어 아이를 갖지 않았다. 안나는 500대 1의 경쟁을 뚫고 지역 공무원으로 환경지킴이 일을 하고 있고, 남편은 근처 해운회사에 다닌다. 둘 다 각자의 직장에 충실하고, 주말이면 여가를 즐기며 산다.

안나네 집은 우리나라 수도권 위성도시 변두리쯤에서 흔히 볼 수 있는 서민아파트였다. 우리나라 기준으로 보면 17평형 서민아파트 정도. 방 둘과 욕실, 거실, 주방으로 구획되어 있었다. 안나는 우리가 잘 방을 안내해 줬다. 처음 집에 들어설 때부터 느꼈던 쾌쾌한 냄새는 멍멍이 카펫 때문만은 아닌 듯했다. 안나는 청결에 그리 시간을 많이 쓰는 편은 아니었다. 네 평 정도 되어 보이는 다소 어수선한 방 벽쪽으로 오랫동안 사용한 것 같지 않은 2인용 침대가 하나 있고, 반대쪽으로는 생활 잡동사니가 놓여 있는 방이었다. 우리 가족의 반응이 걱정스러웠는지 안나가 말했다.

"두 사람은 저 침대에서 자요. 나머지 두 사람은 저 옆에 묶어놓은 매트리스를 펼쳐서 자면 될 것 같아요. 침대가 하나뿐이라서 초대하지 말까 생각했는데, 카우치 서핑에서 4인 가족이 숙소를 찾기 어려울 것 같아서 초대했어요. 내가 괜한 일을 했나요?"

혹시나 해서 불안해하는 안나의 걱정을 소연이가 재빠르게 안심시켰다.

"아니에요, 정말 감사해요. 우리 동양인들은 본래 침대 없이도 잘 자요. 신경 써줘서 고마워요."

사실, 안나네 집이나 내어준 방 상태를 객관적으로 평가했을 때, 나 같으면 이국의 여행자 가족에게 선뜻 오라고 초청할 엄두를 내지 못했을 것 같다. 물론 안나에게 그렇게 말할 수는 없었다. 그럼에도 안나는 우리 가족이 숙소를 구하지 못할지도 모른다는 걱정이 앞서 자기 체면은 고려하지 않고 우리를 초대했다는 것이니, 불편을 모두 갈음하고도 남는 따뜻한 마음이 느껴졌다. 안나의 초청은 생각보다 용감한 결정이 있어야만 가능했을 것이다. 우리는 그리 넓지 않은 방구석에 트렁크와 우리 물건들을 정리해두고 안나의 안내를 따라 거실을 구경했다.

거실 중앙에는 둥근 갈색의 큰 타원형 탁자가 있었다. 평소에는 벽에 붙여놓고 책이나 소품들을 뒤죽박죽 얹어두고 있다가, 이렇게 손님이라도 오면 잡동사니를 내려놓고 끌어내 만찬 테이블로 이용하는 탁자였다. 거실 벽 아래쪽으로는 연식이 궁금한 TV 수상기 한 대와 컴퓨터 한 대가 있었다. 컴퓨터는 우리나라 LG 브랜드였다. 외국에서, 그것도 유럽에서 우리나라 가전을 보게 되면 은근히 천박한 자부심을 갖게 되는 건, 늙으나 젊으나 더 배웠거나 못 배웠거나 똑같다. 그래서 내가 아는 척을 했다.

"저 컴퓨터는 한국 제품이네요. 오래 전 제품인 것 같지만요."

"아, 그런가요? 사실 16년 전 이 아파트로 이사 올 때 따라온 건데, 작동이 되는진 모르겠어요."

"예? 그럼 저 컴퓨터를 한 번도 사용을 안했어요?"

"네, 저나 브레시오나 별로 관심이 없어서요."

"그 옆의 TV는 보시나요?"

"TV도 켜지는지 모르겠는데요."

안나가 아무 일도 아니라는 표정으로, 한국 사람이라면 모두 충격을 받을 대답을 했다. 특별할 것 없는 거실 벽 상단에는 오래 전에 금이 간 듯 보이는 유리 액자 속에 체게바라가 있었다. 단 하나 있는 액자이니 두 커플이 많이 아끼는 사진일 텐데, 예컨대 둘이 쿠바 여행 중에 구입한 것이라거나……. 오래 전에 금이 가고 방치된 액자 상태로 보아 그렇지 않을 수도 있겠다 싶었다. 화장실로 가는 거실 벽에는 액자 외에 딱 하나의 장식이 있었다. 브레시오의 것으로 보이는 낡은 등산화 한 켤레가 절반쯤 풀린 끈을 벽에 딱 붙인 채 고정돼 있었다. 막 신고 돌아다니다가 그대로 벽에 붙여놓은 듯했다. 주인들 입장에서는 멋있는 장식이었는지 모르겠지만, 손님의 심미감으로는 좀 당혹스러운 인테리어 소품이었다.

안나와 브레시오 집에서는 컴퓨터도 TV도 제 잘난 가치를 인정받지 못했다. 벽에 걸어두고 잊고 사는 금 간 액자나, 신다 걸어놓은 듯한 등산화보다 못했다. LG 브랜드 컴퓨터는 지난 16년간 스페인에 팔려온 것을 얼마나 한탄하고 있을까. 이 사람들에게 그런 것들은 전혀 가치를 인정받지 못하는 것들이었다. 안나의 설명에 의하면, 브레시오에게는 중요한 보물이 따로 있었다. 그것들은 그 집에서 유일하게 청결하게 느껴지는 베란다에 산다. 베란다 문을 열고 보니 브레시오가 여행을 다니며 구해온 이런저런 식물들이 작은 식물원을 이루고 있었다. 브레시오가 애지중지 가꾸었을 식물들은 한눈으로 봐도 알 수 있는 싸구려 화분 또는 공사현장에서 가져왔을 듯한 나무 팔레트들에 심겨 있었지만, 모두 다 싱싱했다. 제때 물 주고 늘 식물들과 이야기했을 거라 짐작이 갔다. 브레시오의 베란다 식물원은 나보다 아내가 더 감탄했다. 아내 역시 식물들을 좋아해서 거창집 화단도 거의 아내가 관리했다. 한해살이 꽃들은 금방 지고 지저분해진다고 심지 말라고 해도, 아내는 잠시 예쁜 한해살이 꽃들까지 심었다. 다년생 꽃들이나 이런저런 이름 모를 식물들을 얻어와 화단에 심고, 조그만 화분에 다육식물을 길렀다. 아내는 저녁나절에 브레시오가 퇴근하자 베란다 식물들을 극찬하면서 탐난다고 말했다. 브레시오가 몇몇 식물들을 가져가라고 하자 아내가 기다렸다는 듯이 달라고 했다. 그러나 비행기 화물로 식물을 실어가는 것은 금지돼 있다는 걸 내가 상기시켰다.

"안돼, 비행기 타다 걸려."

"왜 안돼? 조금만 몰래 가져가면 되지."

"지키는 사람이 바보냐?"

"아이, 그래도 가져가고 싶은데."

브레시오의 식물에 꽂힌 아내를 포기시키는 데 오랜 시간이 걸렸다. 안나와 브레시오의 삶에는 소유에 대한 집착이 도무지 보이지 않았다. 낡고 깨끗하지 못한 집안에서 종교적 청빈함까지 느끼게 했다. 하긴 예수님도 마굿간에서 태어나셨지 않은가. 스페인에 와서 꽤 많은 성당을 돌아다녔다. 그러나 그 많은 성당들은 화려한 금치장의 유혹을 포기하지 못했다. 처음엔 눈을 반짝이며 탐닉하던 아내가 그 화려함에 질려 '가톨릭이 얼마나 많은 민중들의 고혈을 빨았을까' 우울해 했을 정도였다. 그런데 평범한 항구도시 비고에서 만난 이들에게서 법정스님의 향기를 느낄 수 있었다.

"우리는 필요에 의해서 물건을 갖지만, 때로는 그 물건 때문에 마음이 쓰이게 된다. 따라서 무엇인가를 갖는다는 것은 다른 한편 무엇인가에 얽매이게 된다는 것. 그러므로 많이 갖고 있다는 것은 그만큼 많이 얽혀 있다는 뜻이다. 아무것도 갖지 않을 때 비로소 온 세상을 갖게 된다는 것은 무소유의 또 다른 의미이다."(법정 스님, 『무소유』 중에서)

우리는 만찬 준비를 서둘렀다. 다행히 안나의 아파트와 식료품 마트는 아주 가까운 거리였다. 우리는 동그랑땡과 감자전을 만들 부식 재료들을 함께 쇼핑했다. 소연이와 나는 그날 비워버릴 와인을 사야 했고, 하연이는 잊지 않고 달걀찜 재료를 챙겼다. 부식을 사서 다시 아파트로 돌아오니 브레시오가 와 있었다. 브레시오는 갸름하고 순한 얼굴에 항상 미소를 담고 있는 사람이었지만 안나와는 달리 과묵했다. 어쩌면 나처럼 안나보다 영어에 서툴러서 과묵했을지도 몰랐다. 우리 가족은 주방에 쇼핑해온 부식을 널어놓고 전쟁 준비를 했다. 돕겠다는 안나네를 주방에서 쫓아내긴 했는데, 이런저런 주방 도구들과 양념들이 어디에 있는지 찾는 데만도 적잖은 시간이 걸렸다. 게다가 스페인 사람들의 주방도구는 우리가 사용하는 것들과는 다른 데가 많아 손에 익숙지 않았다. 특히 강판이 그랬다. 어찌어찌 강판이라고 생긴 것을 찾긴 했는데 점점이 뚫린 구멍이 예리하지 않아 감자를 갈아도 잘 갈리지 않았다(지금도 그게 정말 강판이었을까 궁금하다). 하필 내가 감자 여섯 개를 갈아야 했는데, 감자 가는 데만 족히 한 시간은 걸렸다. 손가락이 얼마나 아팠는지 가족들에게는 말하지 않았지만 다음날까지 손가락 관절이 뻐근거리고 아팠다. 아내는 동그랑땡 재료들을 다지고 잘라 반죽을 만들었고, 프라이팬 잘 다루는 내가 동그랑땡과 감자 전을 부쳤다. 스페인 사람들은 동그랑땡의 원본 사이즈를 모르니까, 시간을 줄이기 위해 될 수 있으면 크게 만들다보니 겉모습만 보면 거의 빈대떡 수준이 되어가고 있었다. 하연이는 자꾸 우리가 까먹는 계란점에 몰입했고, 소연이는 안나네와 우리 사이를 통역해야 하므로 이 노역에서 한 발 벗어나 있었다. 언제 어디서나 입으로 먹고사는 존재는 팔자가 좋은 법이다.

더이상은 감자를 갈아낼 힘이 없어 잠시 아내 눈을 피해 베란다로 갔다. 재떨이가 있는 것으로 봐서 브레시오가 여기서 담배를 피우는 게 확실했다. 기회다 싶어 전자담배를 빼 물었다. 유럽에 와서 가장 좋은 것 중 하나가 죄책감 없이 담배를 피울 수 있다는 점이었다. 유럽 사람들은 담배에 대해 너그러웠다. 아니 담배뿐 아니라 각자의 사생활에 대한 결정권을 타인이나 국가가 간섭하는 걸 싫어했다. 다른 사람들에게 피해를 주지 않으면 된다는 정도에서 누구나 자신의 취향대로 삶을 즐겼다. 담배 역시 그랬다. 간접흡연이라는 영향을 우리나라만큼 심각하게 과장하는 나라를 나는 거의 보지 못했다. 설령 그 과장이 합리적 진실에 가깝다 해도 역시 그렇다. 내가 다녀본 중국, 일본, 싱가포르, 태국, 스페인, 프랑스, 포르투갈에서는 적어도 그랬다. 싱가포르의 경우 공중도덕에 관한 한 일찍부터 우리나라의 롤모델이 되어온 나라였지만 대로변 곳곳에 커다란 휴지통 겸 재떨이가 있었다. 그곳에서 피우는 담배는 모두 합법이다. 담배를 피우고 싶으면 20미터만 걸어가면 되었다. 아무도 그곳에서 담배를 피우는 사람을 힐난에 찬 눈초리로 보는 사람은 없다. 담배 연기가 싫으면 조금 떨어져 걸어가면 그뿐이었다. 남자든 여자든 누구든 다른 사람 눈치를 보지도, 불필요하게 눈치를 주지도 않았다. 그것은 유럽에서도 마찬가지였다. 우리는 스페인과 프랑스에서 대로변을 걸으며 자연스럽게 담배를 피우는 아가씨들을 많이 보았다. 그것도 놀라운 풍경이었지만, 아무도 그들을 힐난하는 눈초리로 보지 않는다는 사실이 더 놀라웠다. 심지어 담배 문제라면 언제 어디서든 심각하게 잔소리를 해대는 막내 하연이까지도 유럽에서는 더이상 담배 문제로 내게 잔소리를 하지 않게 되었다.

　요즘 우리나라 도심에서는 대로변에서 담배를 피우면 원시인 취급을 당한다. 심지어 무슨 치한 보듯 하는 사람도 있다. 담배 피우는 '죄인'들은 모두 골목으로 들어가야 한다. 담배가 그렇게 사회적 해악이라면 담배를 팔지도 만들지도 않아야 한다. 국가가 담배를 만들고, 담배 장사를 하고, 담배 사는 사람에게 세금을 걷으면서, 그 소비자들을 혐오하도록 문화를 조성하는 건 이율배반 아닌가. 우리나라 사람들은 교육이 잘 되어서 그런지 사회적 이슈와 분위기에 쉽게 공감하고 실천한다. 불과 30년 전에는 버스에서 담배를 피우던 시절이 있었고, 불과 20년 전에는 식당에서 담배를 피웠다. 10년 전까지만 해도 지붕 없는 곳에서의 흡연은 당당한 문제였는데, 이제는 자기 아파트 공터에서도 숨어서 담배를 피워야 하는 때가 됐다. 다중이 있는 곳에서 담배를 삼가도록 문화가 형성된 건 바람직한 일이다. 그러나 흡연자들의 품위와 인격과 권리도 존중되어야 한다.

건강을 위해 금연 캠페인을 확대하는 건 옳다. 또한 타인에게 피해가 되는 간접흡연을 막아야 하는 것도 맞다. 그러나 정부가 간접흡연에 대한 사회적 경계와 문제의식만큼이라도 미세먼지 문제에 열의를 가지고 있었는지 묻고 싶다. 유럽에서 머물던 20일 간 우리 가족은 단 한 번도 공기가 나쁘다는 생각을 해본 적이 없었다. 적어도 유럽에 있는 동안 대기 질은 우리 관심사가 아니었다. 도심이거나 시골이거나 유럽 공기엔 아무런 문제도 없었다. 우리나라는 어떤가. 담배연기 문제는 문제도 아니다. 하루 종일 강제로 마셔야 하는 공기 속의 미세먼지는 어쩌다 재수 없으면 냄새를 맡게 되는 고작 담배연기 정도와 비교할 문제가 아니다. 우리가 자식들에게 '너만이라도 잘 살아야지'라며, 외국에 나가 살라고 권유하게 된다면 이제 그 첫 번째 이유가 공기 문제 때문일 거다. 지난 수십 년간 정부는 몇몇 재벌들의 주머니를 채워주는 대신 대중들이 공짜로 마시고 사는 물과 공기를 더럽혀왔다. 그 결과 예부터 자랑할 게 그것밖에 없었던 '금수강산'이 심각하게 더럽혀졌다. 흡연자에 대한 사회적 경고와 문화적 고립 정책이 필요한 건지 모르겠지만, 그보다는 대기 질 관리를 위한 산업구조 개편과 신재생에너지 정책 추진이 백배 더 필요했다는 말이다. 자원외교라는 이름으로, 4대강 사업이라는 이름으로 쏟아부었던 그 수조 수십조의 사회적 자원을 신재생에너지 산업에 투자했더라면 한결 숨쉬기 편안한 나라가 되지 않았겠는가 말이다. 그런 정책에는 관심이 없었던 정부가, 그런 정책을 추진하는 정치인을 제대로 뽑는 데는 관심이 없었던 국민이, 고작 담배 연기에는 어찌 그리도 난리를 치고 엄격했는지…….

우리나라는 세계에서 가장 대중적 교육이 잘 된 나라이기에, 잘못된 문화와 관습을 혁파하는 속도 또한 빛처럼 빠르다. 어쩌면 민주주의 제도가 도입된 지 불과 반백년 만에 세계에서 민주주의적 정치제도를 가장 빠르고 우수하게 확립하고 있는 대한민국 국민들은 정말 세계적으로 유례를 찾아보기 힘들게 똑똑하고 실천적인 국민이 분명하다. 그러나 그 이면에는 사회적 이슈에 너무 빨리 경도되고 획일화된다는 문제점도 있다. 소수자에 대한 배려와 인정이 우리나라에서는 아직 많이 어렵다. 성숙한 민주주의는 다수자에 의한 결정에 앞서 소수자에 대한 배려와 인정이 전제되어야 하지 않을까. 그런 측면에서 개인의 사생활에 대한 존중과 배려가 천박할 정도로 희귀한 사회문화적 성향은 개선되어야 한다고 나는 믿는다.

담배를 피우며 아파트 베란다 위에서 대로를 바라보고 있는데 멀리서 한 무리의 군중이 소음을 동반하고 나타났다. 백여 명이 넘는 사람들이 피켓을 들고 깡통 같은 것을 두드리며 행진을 했다. 그리고 보니까 아까 마트에서 장을 볼 때 마트 주인이 '서둘러 장을 봐라, 잠시 문을 닫아야 한다'고 부산을 떨었던 이유를 알 것 같았다. 아마도 스트라이크 때문에 상점에 피해가 있을까봐 낮인데도 잠시 셔터를 내리려 했던 게 분명했다. 평소 사회적 이슈와 실천에 관심이 많았던 나는 뜻밖에 스페인에서 보게 된 스트라이크에 주목했다. 그러나 피켓을 자세히 봐도 온통 스페인어였고, 외치는 말도 알아들을 수 없어 무엇을 이슈로 하는 스트라이크인지 매우 궁금했다. 데모 군중이 두드리는 깡통의 시끄러운 소리를 들었는지 안나가 베란다로 나왔다. 나는 안나도 나처럼 데모 군중에 대해 호감을 가지고 있을 거라고 믿고, 웃는 낯으로 안나에게 물었다.

"우리나라도 스트라이크를 많이 하는데, 스페인도 역시 그러네. 저 사람들은 항만 노동자들인가 보지? 노동 문제로 하는 스트라이크지?"

"아니야, 저들은 최근 늘어나고 있는 빈민들을 쫓아내라고 시 당국을 압박하는 거야."

"으잉? 그럼 님비 데모네."

"그게 뭐야?"

"……"

내가 잘못 본 것이었다. 데모 군중은 노동자들도 아니었고, 정의로운 이슈를 가지고 나온 사람들도 아니었다. 단지 자신들이 사는 곳에 가난한 빈민들이 섞여 범죄와 무질서를 가중시킨다고 믿고 그들을 추방해야 한다고 주장하는 군중들이었다. 안나는 데모 군중을 좋아하지 않는 듯했다. 지역에서 환경지킴이로 대중의 삶에 이익이 되는 일을 하는 안나 입장에서, 가난한 사람들을 추방하자고 데모를 하는 군중들의 편에 설 수는 없었던 것 같다. 유럽에서 처음 마주친 스트라이크가 님비(NIMBY, Not In My Backyard) 데모대였다니 좀 씁쓸했다. 더구나 데모대는 항상 정의로울 거라고 지레짐작한 내 선입견도 스스로 우스꽝스러웠다. 나는 다시 팔소매를 걷고 주방으로 갔다.

분주하게 만든 만찬을 거실 타원형 식탁에 세팅했다. 메인 메뉴인 감자전은 개인 접시에 한 장씩 놓았고, 널찍한 동그랑땡은 식탁 중앙에 층층이 쌓았다. 밥은 한국에서 가져온 우리 쌀로 만든 흰쌀밥, 우리 가족의 보물인 김과 볶은김치까지 꺼내놓았고, 하연이의 계란찜이 탐스러운 입김을 더했다. 사실 나는 막내 하연이가 만든다고 해서 완성도를 기대하지 않았다. 그런데 병아리 같이 노랗게 부풀어오른 계란찜에서 애기 숨 같은 하얀 김이 폭폭 올라오는 비주얼은 기대 이상이었다. 내가 먼저 한 숟갈 폭 떠서 입에 담았는데, 간도 딱 맞았다. 그러고 보면 하연이는 막내라는 선입견에 일상적으로 피해를 입고 사는지도 몰랐다. 처음 보는 감자전을 어색해하며 브레시오가 포크와 나이프로 썰어 먹었다. 우리 눈에는 많이 이상했지만 양식처럼 썰어 먹는 감자전도 괜찮아 보여 우리도 곧 따라했다. 생전 처음 감자전과 동그랑땡을 맛본 안나와 브레시오는 눈이 휘둥그래졌다. 우리는 간장 소스를 찍어 먹어야 더 맛있다고 알려줬다. 감자전의 맛을 확인한 커플은 동그랑땡이 더 궁금해졌는지 냉큼 포크로 찍어 베어 먹었다. 안나가 잠시 포크를 내려놓고 오물거리는 입으로 말했다. "인크레더블(믿기지 않는 맛이야)!"

음식을 함께 먹는 것만큼 서로에 대한 경계심을 없애주는 것도 별로 없다. 그래서 우리는 상대와의 관계를 지속하고 싶다고 표현하기 위해 '밥 한번 먹자'고 한다. 그러다 더 친해지면 '언제 막걸리 한잔 하자'고 말한다. 그만큼 음식을 먹고 함께 술을 마시는 일은 사람 사이 경계를 허무는 데 특효약이다. 비행기로 13시간 떨어진 이역만리 타국에서도 사람들 사이는 다르지 않았다. 생전 처음 만난 사람들이지만 거리낌 없이 숙소를 제공하고, 즐겁게 음식과 술을 나누고, 서툰 영어와 보디랭귀지로 서로의 삶을 들여다보는 시간은 비할 데 없이 값졌다. 이 모든 순간이 안나가 우리 가족을 스스럼없이 초청해주었기에 가능했던 일이다. 나는 얼큰한 얼굴로 그 점에 대해 여러 번 감사하다고 서툰 영어로 말했다. 그리고 우리가 부자가 아니라 항공티켓을 보내줄 순 없겠지만 언젠가 너희 둘이 한국을 여행하게 되면 꼭 우리 집에 들러달라고 했다. 커플은 반드시 그렇게 하겠다고 했다.

좌중이 술에 적당히 취하면 깊은 대화가 나오는 법. 아내가 실례가 될까봐 하지 않았던 질문을 꺼냈다.

"그런데 안나네는 왜 아이가 없어요?"

"우린 아이 갖기를 원치 않아요. 둘만으로도 행복해요"

이런 대답에 아내가 동의할 리 없다. 아내는 무슨 소리냐, 아이가 있으면 얼마나 좋은데, 아이를 가져보면 안다, 지금보다 훨씬 더 행복할 수 있다는 얘길 장황하게 늘어놓았다. 가족에 대해서, 평범한 삶에 대해서는 나나 소연이보다 보수적인 아내가 당연히 할 법한 이야기였다. 그러나 한국

말로 장황하게 설명하는 통에 안나와 브레시오는 무슨 이야긴지 몹시 궁금해 하는 얼굴이었고, 소연이는 엄마의 말을 그대로 통역하기가 몹시 곤란했다. 소연이가 재치 있게 둘러댔다.

"엄마는 당신들이 행복했으면 한대요."

맛난 음식과 좋은 와인, 그리고 지구 반 바퀴를 넘어 확인한 선한 사람들과의 대화는 늦도록 계속되었고 우리는 모두 만취했다.

다음날 아침 여덟시쯤 눈을 떠보니 주인들은 벌써 출근을 했다. 전날 자기들은 일찍 출근해야 하니 머물고 싶은 만큼 머물다 가라고 했었다. 도둑이 가져가려 해도 가져갈 만한 무엇이 없는 집일 것 같지만, 생애 처음 만나는 먼 이방인 가족에게 주인 없는 집에 머물도록 허락한 심성이 놀라웠다. 어젯밤 만찬에 쓰였던 원탁 위에는 네 장의 깨끗한 수건이 올려져 있었고 그 위에 안나가 연필로 적은 편지가 있었다.

"당신들 가족을 만나게 돼서 더없이 반가웠어요. 그리고 어제 저녁 만찬은 믿을 수 없을 만큼 훌륭했어요. 정말 감사해요."

우리 가족은 트렁크를 열어 김이니 라면이니 하는 우리 보물들을 탁자 위에 올려놓고, 답신을 쓰고 나왔다. 카우치 서핑으로 만난 하룻밤 인연 덕분에, 여행 전체가 환하게 빛나는 순간이었다.

일몰과 야경의 화음, **포르투**

포르트

성벽

야경

다우로 강

포르트 트램

포르트 서점 푸드트럭

계란과자 해물밥 문어요리

지난 4월, 소연이가 마지막 여행지로 설정한 포르투갈의 포르투가 TV에 소개됐다. JTBC 음악예능 '비긴 어게인'이라는 프로그램이었다. 평소 찾아보는 프로그램은 아니었는데 우연히 채널을 돌리다가 내가 좋아하는 자우림 김윤아와 눈이 딱 맞추친 거다. 김윤아는 나라 안에서나 밖에서나 최고의 디바였다. 그녀는 날씨가 추웠는지 갈퀴가 휘날리는 털옷을 입고 있었다. 아름답고 파워풀한 목소리를 내는 서늘한 동양 미인 김윤아를 보고, 버스킹이 시작되자마자 사람들이 몰려들었다. 화면에 소개된 자막을 보니 김윤아가 버스킹을 하고 있는 그 아름다운 이국의 항구가 두 달 후 우리가 찾아가게 될 포르투의 도우로(Douro) 강변이랬다. 여행 직전에 우리의 마지막 여행지인 포르투와 도우로 강을 미리 본 거였다.

포르투(Porto)는 포르투갈의 수도 리스본 북쪽 300킬로미터쯤에 위치한 포르투갈 제2의 도시다. 도우로 강 하류에 있어 오래 전부터 항구도시로 번성했다. 항구에는 조선소가 세워졌으며 대항해시대 아프리카 서부 해안을 탐험하는 탐험대가 포르투에서 출항하기도 하면서 식민지를 개척하는 전초기지 역할을 했다. 포르투 시내에는 성프란시스 교회의 고딕식 대성당과 유리벽으로 유명한 수정궁이 있고, 이곳에서 바라보는 강의 경치가 매우 황홀하다. 도우로 강을 가로지르는 돔 루이스 1세 철교는 172미터 길이의 아치형으로 만들어진 2층 다리다. 우리 가족은 1층 다리로 건너가 2층 다리로 돌아왔는데, 2층 다리에는 차는 못 다니고 사람과 트램이 다닌다. 이 다리가 포르투의 구시가지와 신시가지를 연결하는 역할을 하는

데, 해질녘이면 다리 위에서 보는 일몰이 아름다워 관광객들이 참새떼처럼 매달린다. 포르투갈이라는 나라명도 이 도시의 이름에서 유래됐다고 하니, 포르투갈에서 가장 유서 깊은 곳임이 분명했다. 또한 해리포터 작품이 이곳을 배경으로 했다고 해서 관광지 곳곳에 해리포터 풍의 장식이나 옷들을 쉽게 볼 수 있다.

　그 명성만큼, 포르투는 지금껏 다녔던 유럽 어느 관광지보다 수많은 관광객들로 붐볐다. 우리가 예약한 숙소 블루삭(파랑양말) 호스텔은 김윤아가 버스킹을 했던 도우로 강가에서 100미터쯤 떨어진 곳에 있었다. 정말 엎어지면 코 닿을 거리였다. 저녁 늦게 도착한 우리는 3박 숙비로 274유로를 결제했다. 그러니까 1박에 우리 돈으로 13만 원쯤 되는 거였는데, 그마저도 독방이 아니고 원룸을 다른 가족과 함께 썼다. 우리 가족은 그 방에 있는 많은 침대 중 2인 침대 두 개를 썼다. 그만큼 숙박료가 비싼 관광지의 중심에서 숙박을 한 거다. 함께 방을 쓴 덴마크 부부는 아들딸과 함께 여행을 왔다. 무척 친절하고 상냥한 가족이었는데, 우리가 여행 중에 겪은 사건사고 이야기를 잠시 듣고는 우리 가족을 놀라운 눈으로 바라봤다. 3박이라고 하지만 저녁 늦게 입실했고, 마지막 날엔 꼭두새벽에 출발해야 했으므로 숙박비가 많이 아까웠다. 가족들은 그런만큼 알차게 관광을 하자고 서로 다짐하고 포르투의 저녁 풍경을 보기 위해 도우로 강으로 나갔다.

　도우로 강은 TV로 볼 때보다 강폭도 넓어 보였고 훨씬 아름다웠다. 도우로 강을 따라 길게 관광객들이 쉬어갈 수 있는 벤치가 놓여 있고, 더 안쪽에는 길을 따라 레스토랑과 카페가 끝도 보이지 않게 영업을 하고 있었다. 그 많은 길거리 레스토랑과 카페에 사람들이 다 찼다. 김윤아가 버스킹을 했던 그 자리에서 영화 〈해리포터〉에 나오는 마법학교 학생들이 버스킹을 하고 있었다. 그 자리가 딱 버스킹 하기에 좋은 자리였다. 일곱 명쯤 되는 여학생 그룹인데 모두 〈해리포터〉에 나오는 마법학교 의상을 일부러 맞춰 입은 줄 알았다. 그러나 사실은 정반대였다. 공연 후에 소연이가 물어봤더니 작가 조앤 롤링이 이 학생들이 다니는 대학교 교복을 본따서 호그와트의 교복을 만들었다고 한다. 한 가지 더 재밌는 사실은 이 동네에는 헤르미온느처럼 빠글빠글 곱슬머리인 여자아이들이 많다는 것이었다. 학생들은 내가 알지 못하는 노래만 세 곡을 불렀는데, 실력은 잘 모르겠지만 사람들 앞에서 버스킹을 하는 자체만으로 너무나들 행복해 보였다. 그 학생들은 근처에 있는 포르투대학 학생들이라고 했다.

며칠간 세탁물이 밀려 있었기 때문에 코인 세탁소를 찾을 겸 강변 반대쪽 오르막 골목길을 돌아보았다. 포르투 시내 건물들은 유난히 파란 타일을 붙여놓은 건물이 많았다. 포르투에서는 이 파란 타일들을 '아술레쥬'라고 불렀다. 항구도시이기 때문에 습기로 인해 벽이 쉽게 부식되는 것을 방지하기 위해 타일을 붙이기 시작했는데, 그 당시 파란색이 가장 값싼 염료라서 파란색을 많이 썼다는 설이 있다. 역사적인 배경으로는 과거 포르투가 이슬람권 무어인들에게 정복된 적이 있었는데 당시 이슬람 문화의 영향을 받아 파란 타일로 치장한 건물이 많다고도 했다. 어쨌든 그 파란 타일이 지금은 포르투의 상징과 같은 것이 되었다. 기원이야 어찌되었든 유서 깊은 파란색 타일의 건물들은 튀거나 촌스럽지 않았고 오히려 빈티지풍의 창연함을 보여줬다. 호스텔 안내데스크에서 물어본 대로 찾아 들어간 골목 끝에 세탁소가 있었다. 모든 세탁소는 빨래를 삶을 때 나는 특별한 냄새를 풍긴다. 잘 보이지 않는 세탁소를 아이들이 냄새로 찾았다. 때로는 구글맵보다 사람의 코가 더 유용하다. 우리는 세탁물들을 넣고 세탁이 끝날 때까지 아름다운 밤 정취를 즐길 카페에 들어갔다. 카페 손님들은 이제 남의 나라 일이 된 월드컵 축구를 보며 맥주를 마시고 있었다. 우리는 포르투 맥주 거품을 입술에 바르며 아름다운 이국의 저녁 시간을 모처럼 한가하게 보냈다.

첫날 닛산을 타고 포르투로 들어올 때 보았던 백사장이 있었다. 도우로 강 하구에서 상류 쪽으로 시가지를 막 벗어난 곳에 있는 작고 예쁜 백사장이었다. 사실 그 백사장이 해변인지 강변인지는 불분명했다. 도우로 강이 바다와 만나는 위치였으니 물맛을 보기 전에는 모를 일이었다. 그냥 눈으로만 위치를 확인해두었던 백사장을 자동차 길로 찾아가는 데는 많이 복잡했다. 우리는 백사장 그늘에 자리를 깔았다. 유럽 어느 해변을 가도 그늘은 늘 우리 차지였다. 유럽 사람들은 그늘을 싫어했고 우리는 그늘만 좋아했으니 얼마나 조화로운 일인가. 바르셀로나에서 산 면포를 깔고 아내와 막내는 한숨 자겠다고 드러누웠고, 늘 활기찬 나와 소연이는 강물인지 바닷물인지 상관 않고 도우로 강물 속으로 풍덩 들어갔다. 물맛을 보니 좀 싱거웠지만 바닷물이 맞았다. 따라서 우리는 도우로 강에서 해수욕을 하게 된 거다.

　나는 항상 그러했듯이 스노클링 수경을 쓰고 물가를 맴맴 돌았다. 사실 물은 무서워하면서도 스노클링은 잘했다. 엉덩이를 하늘로 하고 물구나무 잠수도 잘하고, 잠수해서 조개도 잘 줍는다. 잠수가 끝나고 숨 쉬는 대롱으로 물을 '퐉' 뱉어내고 또 잠수하고, 이렇게 논다. 물론 물 깊이가 키를 넘으면 안 된다. 그렇게 한참 재밌게 놀다가 수경을 벗고 서서 딸아이가 어디에 있는지 보았다. 근처에 있는 줄 알았던 딸이 없다. 한참 두리번거리고 있는데, 내가 서 있던 곳에서 바다 쪽으로 20미터쯤 떨어진 곳에 딸이 보였다. 거긴 꽤 깊은 곳이었다. 수영을 잘하는 딸이지만 너무 깊이 들어가면 위험할 것 같아서 손짓으로 나오라고 했다. 소연이도 나를 보았는데 알았다는 듯이 내 쪽으로 헤엄을 쳤다. 그런데 이상하게도 딸이 계속 헤엄을 치고 있는데 나와의 거리는 가까워지지 않았다. 얼마간 헤엄치던 딸이 "아빠, 나 못나가겠어"라고 하는 거였다. 물을 무서워하는 아빠를 자주 놀렸기에 "장난치지 말고 어서 나와" 했는데, "진짜야, 자꾸 밀려나 힘이 빠져서 못 가겠어" 하는 거다. 저게 장난일까 진짜일까 잠깐 생각했지만, 진짜라도 내가 소연이를 구할 가능성은 없지 않은가? 그런 생각을 하면서 주변을 둘러보는데, 히스패닉계로 보이는 식스팩의 잘생긴 총각 녀석이 눈에 들어왔다. 마침 그 녀석도 깊은 곳에서 불안한 수영을 하고 있는 소연이를 보고 있었다. 그 순간 녀석이 나를 힐끔 보았고 나도 그 녀석을 보았다. 녀석의 눈빛이 마치 '보아하니 아빠같은데…… 니가 구해주러 들어갈 거지?'라고 묻는 것 같았다. 나는 '나 수영 못해'라는 뜻으로 두 손바닥이 하늘을 보게 가슴 높이로 들어올렸다. 그제서야 녀석은 비상상황임을 직감한 듯, 한 마리 바다사자처럼 날렵하게 소연이에게 헤엄쳐 갔다. 바다사자는 허우적대던 소연이가 물살을 헤치고 나올 수 있도록 이끌어줬고, 10미터쯤 해변으로 나온 소연이는 혼자서 수영할 수 있게 됐다. 멋진 바다사자는 깔끔하게 제가 있던 곳으로 돌아갔고, 소연이는 내 옆에 와서 투덜거렸다. "아이, 죽을 뻔했네. 조류에 밀려서 나올 수가 없었어. 근데 뭐야, 아빠 구경만 하고……." 나는 겸연쩍게 웃고 말았다. 그러면서도 속으로는 이렇게 말했다. '임마, 내가 너에게 멋진 바다사자를 보내줬잖아.'

포르투 시내의 명소인 렐루서점(Livraria Lello)은 해리포터 시리즈의 작가 조앤 롤링이 소설의 영감을 받았다고 알려져서 이름난 곳이다. 1906년 개업할 당시 유럽에서 유행했던 아르누보(Art Nouveau)풍으로 건축됐다. 석회에 페인트를 칠한 붉은 계단과 '노동의 존엄성(Decus in Labore)'이라고 새겨진 천장의 스테인드글라스가 이 서점을 대표한다. 방문객이 너무 많아 언제부터인가 3유로라는 비싼 입장료를 받고 있다. 다만 책을 구입하는 사람에게는 입장료만큼 깎아준다고 하니 그냥 구경하러 들어갔다가 아무 책이라도 한 권 사게 된다. 입장료 내고 들어가는 서점이건만 많은 사람들이 서점을 구경하겠다고 아침부터 길게 줄을 섰다. 아내와 막내는 해리포터 팬이었기에 당연히 비싼 입장료를 내고 서점을 구경하기로 했고, 해리포터에 별 관심이 없는 나와 소연이는 그 입장료로 젤라또 사 먹겠다고 서점 옆에 있는 젤라또 가게 노천 테이블에 앉아 젤라또를 먹었다.

한참 후 서점을 구경하고 난 아내와 하연이가 서점에서 나왔다. 우리는 바로 이동해 포르투 시내를 한 바퀴 도는 트램을 탔다. 골동품 같은 트램은 생각보다 빠른 속도로 시내 이곳저곳을 다녔다. 우리처럼 짧은 여행을 하는 관광객에게 딱 어울리는 관광 방법이었다. 트램이 달리는 동안 차창 밖으로 예쁜 포르투 건물들이 스쳐 지나갔고 나는 스마트폰으로 바쁘게 사진을 찍었다. 골동품 트램 내부도 기념사진을 찍을 것 투성이었다. 식구대로 개인 독사진을 찍어주고 가족 셀카도 찍느라 분주했다. 시내를 관통한 트램의 운전수는 반환점이 되는 곳에서 트램 시동을 끄더니 트램에서 내려 트램의 꽁무니 쪽으로 다시 탑승했다. 트램은 앞뒤로 운전석이 있어서, 종점에서는 꽁무니가 다시 앞이 되는 방식으로 시내를 왕복했다. 트램은 출발했던 곳으로 다시 달리기 시작했다. 골동품 기차의 기분 좋은 흔들림 속에 나는 깜빡 졸았다. 식구들이 깨워서 정신 차려보니 짧은 트램의 운행이 끝나고 승객들이 내리고 있었다.

소연이가 자신 있게 추천한 레스토랑은 마침 트램 정류장에서 가까운 곳에 있었다. 그 레스토랑은 문어밥 메뉴가 인기랬다. 우리는 포르투갈에 오기 전부터 이 문어밥 맛이 궁금했다. 스페인이나 포르투갈에 비해 프랑스는 음식 값이 너무 비쌌기 때문에 우리는 프랑스에서 외식을 자제했고, 대신 음식 값이 싸고 맛있다는 포르투갈 가면 맛난 것 많이 사 먹자고 했었다. 식당은 붐볐고, 웨이터가 1층에 자리가 없다고 2층 테이블을 내줬다. 소연이가 능숙하게 문어밥과 해물밥을 시켰다. 바빠서 그런 건지, 맛있게 만들려고 그런 건지, 음식이 나오는 데 꽤나 오래 걸렸다. 기다린 끝에 만난 문어밥은 과연 맛있었다. 그리 크지 않은 어린 문어는 질기지 않게 잘 씹혔고, 달콤 쌉쌀한 전복죽을 먹는 듯한 죽맛도 일품이었다. 아마도 한국 관광객을 상대로 한 맞춤 메뉴가 아닐까 싶었다. 그런데 이 레스토랑에서 내가 제일 맛있게 먹은 건 문어밥이 아니라 그 레스토랑의 하우스와인이었다. 유럽에 와서 뒤늦게 와인 맛에 눈을 뜬 나였는데, 유럽 와서 마신 와인 중에 그 집 하우스와인이 가장 일품이었다. 색깔이 다른 와인보다 더 붉었는데 부드러운 향과 목넘김, 화려한 향기, 그러면서도 꾸준히 상승하는 취기가 마실수록 감칠 맛 나는 와인이었다. 짧은 점심시간에 마신 와인으로 내 볼은 붉게 타올랐고, 낮술에 취하면 뵈는 게 없다더니 숙소로 돌아오는 길엔 팔자걸음을 자제해야만 했다. 그래서 아내는 틀림없이 내가 술에 취해 휴대폰을 잃어버린 거라고 했다.

숙소로 돌아와서 쉬려고 옷을 벗었는데 아무리 살펴도 휴대폰이 없었다. 아내 전화로 전화를 걸어봐도 벨소리가 들리지 않았다. 어디선가 휴대폰을 잃어버린 게 틀림없었다. 아이고, 또 하루 걸러 터지는 사건이 터진 거다. 어디서 잃어버렸을까. 마지막으로 휴대폰을 사용한 장소는 트램 안이었다. 트램 안에서 식구들 사진 찍어주고 창밖 풍경도 많이 찍었다. 그 후 휴대폰을 만진 기억이 없었다. 그럼 트램 안에서 잃어버렸거나 곧바로 이동한 레스토랑이거나, 그도 아니면 이동하는 길에서 흘렸거나다. 나는 생전 단 한번도 휴대폰을 잃어버린 적이 없었다. 어쩌다 식당에 두고 나와도 10분이 지나지 않아 휴대폰을 찾아오곤 했다. 지갑도 키도 신분증도 잃어버렸지만 유독 휴대폰만은 잃어버린 적이 없었는데, 그 기록이 깨지는 순간이었다. 한국도 아니고 포르투갈까지 와서 휴대폰을 잃어버리다니. 소연이를 시켜 레스토랑에 전화해봤지만 휴대폰은 발견되지 않았다. 그렇다면 트램이나 길에서 잃었다는 건데, 포르투갈에서 잃어버린 휴대폰을 찾을 가망은 거의 없었다. 나는 어쩔 수 없이 포기하려 했는데, 아내는 카카오톡으로 계속 내 전화기에 신호를 보냈다. 혹시라도 누가 내 전화기에서 나오는 소리든 진동이든 발견하게 될지도 모른다며, 포기하지 않고 한 시간 동안 신호를 보냈다. 그런데 정말 누군가 내 전화기를 받았다. 깜짝 놀란 아내가 '여보세요?' '헬로'를 외쳤는데, 상대방은 '알루?'라고 한다. 프랑스인이었다. 프랑스 여자가 내 전화기를 가지고 있었다. 아내가 급히 전화기를 소연이에게 넘겼다. 그러나 소연이도 프랑스어는 하나도 알아들을 수 없었다. 소연이가 영어를 못하느냐고 물었지만 상대방은 알아듣지 못했다. 소연이가 급히 호스텔 데스크로 내려가서 프랑스어 할 줄 아는 사람에게 전화기를 바꾸어주려 했는데, 그 와중에 그쪽에서 영어 할 줄 아는 사람을 찾아 바꿨다. 비로소 대화가 됐는데, 그 사람은 내 전화기를 트램 좌석 밑에서 발견했고 그 트램이 21번 트램이며, 자신은 내려야 하므로 트램 운전수에게 전화기를 맡기겠다고 했다. 얼마나 다행스럽고 고맙던지. 이제 안심이 됐다. 다시 트램 정거장까지 가서 21번 트램을 찾아 전화기를 회수해야 했지만 그 정도 불편이야 얼마든지 감수할 만했다. 찾은 게 어딘가.

소연이와 나는 다시 아까 왔던 길을 그대로 30분 걸어가 트램 정거장으로 갔다. 20분쯤 기다려 21번 트램을 찾았고, 트램이 잠시 정차하는 동안 트램에 올라가 휴대폰을 찾았다. 아마도 내가 트램에서 사진을 찍고 나서 휴대전화를 들고 졸다가 떨어트린 모양이었다. 트램에서 갑자기 잠을 깨고 급히 내리는 통에 휴대전화를 바닥에 흘렸다는 사실을 몰랐던 거다. 작은 소동이었지만, 한국도 아니고 포르투갈에서 그것도 대중교통인 트램 안에서 잃어버린 휴대폰을 찾다니, 가히 기적적인 일이었다. 마드리드에서는 네 명이 정신 똑바로 차리고도 휴대폰을 도난당했는데, 포르투에서는 내 실수로 잃었던 휴대폰이 다시 돌아왔다. 얼굴도 보지 못한 프랑스 아줌마가 고마웠는데, 고맙다는 인사도 전하지 못해 안타까웠다.

유럽은 해가 정말 길었다. 꽤나 늦은 시각에 우리는 포르투의 일몰을 보기 위해 다시 거리로 나왔다. 돔 루이스 1세 다리는 숙소에서 고작 10분 거리에 있었다. 다우로 강을 가로지르는 이 다리는 언뜻 에펠탑을 보는 것 같다. 에펠탑을 설계한 구스타보 에펠의 제자가 설계했기 때문이랬다. 이 다리에서 바라보는 다우로 강변의 오래된 도시는 그야말로 한 폭의 그림이다. 야경은 더 아름답다. 우리는 낮에 레스토랑에서 돌아오던 길에 거리의 화가에게 포르투 풍경을 담은 그림 두 점을 큰 맘 먹고 샀다. 바로 그 그림에 나오는 도시의 야경을 이 다리에서 볼 수 있는 거였다. 아직 일몰까지는 시간이 남았다. 다리를 건너 맞은편 성으로 올라가지 않고 강 반대편에 즐비한 거리 상점들을 구경했다. 하연이는 그곳에서 나무 조각품을 샀는데, 우리가 지인들에게 주려고 산 선물 중 가장 비싼 선물이었다. 나무토막을 거꾸로 들면 나무토막 안에 새겨 만든 아름다운 목조 성이 아래로 흘러내리며 나타나는 목조 조각품인데, 아무리 살펴봐도 어떻게 제작할 수 있었는지 신기했고 아름다웠다. 하연이는 과분하게 여행 경비를 보태주신 고모부에게 선물할 거라며 가장 비싼 선물을 골랐다.

명불허전. 포르투의 일몰과, 일몰을 기점으로 서서히 살아나는 강변의 야경만큼 아름다운 도시 경치가 이 세상에 또 있을까? 우리가 여행을 시작할 때 멀리 높은 곳에서 바라본 톨레도의 붉은 지붕들도 이에 못지않았지만, 일몰 속에서 서서히 살아나는 야경은 포르투가 단연 최고였다. 이 풍광을 보기 위해 수많은 나라의 수많은 관광객이 포르투로 온다는 걸 알게 됐다. 일반적으로 보게 되는 여행지에서의 야경은 어둠을 배경으로 화려한 불빛들이 수놓아져 있다. 그런데 포르투의 야경은 달랐다. 좌측 가이아 시(Villa Nova de Gaia)와 우측 포르투시 강변의 레스토랑과 건물들 불빛이 한 등 한 등 켜지는 시점과, 한가운데 다우로 강으로 침몰하는 일몰이 서로 밀고 당기며 화음을 맞춘다. 좌우의 야경은 일몰이 퍼트리는 장대한 노을 속에서 한포기 한포기 식물처럼 자라나고 어둠이 짙어갈수록 많은 불빛들이 자라난다. 이렇게 야경이 자라나는 긴 과정의 어느 한 순간도 놓치기 아깝

게 아름답다. 실연이라도 당한 사람이 이 광경을 봤다면 애간장이 끊기도록 울음을 울겠다.

유럽에서의 19박 20일. 마지막 여행지 포르투에서 마지막 밤에 마주한 일몰과 야경은 우리 가족에게 특별한 메시지를 주고 있었다. 편하고 좋기만 한 여행이 아니었다. 오기 전부터 여행을 포기해야 하나 고민했던 여행. 사건사고가 끊이질 않았던 여행. 경제적으로 많은 데미지를 감당해야 했던 여행. 그러나 반드시 끝까지 함께하고 싶었던 여행이었다. 우리 네 사람이 이 세상에서 서로를 가장 사랑하는 사람들이었고, 우리 네 사람만의 온전한 여행이 어쩌면 다시는 오지 않을 수도 있는, 어찌 보면 마지막 여행이 될 수도 있는 소중한 여행이었다. 그걸 알기에 여행 동안 우리 네 사람은 서로를 위로하고 서로를 기쁘게 하고 서로를 지탱하기 위해 모두 애를 썼다. 그 여행의 마지막 순간이 일몰과 함께 지고 있었다. 말을 안 해도 서로가 뜨거운 감정을 느끼고 있었다. 바로 그 일몰의 순간, 노을을 바라보던 하연이가 벌떡 일어나 내게 춤을 추자고 했다. 나는 사양했다. 수많은 관광객이 보고 있는데, 춤이나 잘 추면 또 몰라, 무슨 창피를 당하려구. 나는 여러 번 고개를 저었다. 그러나 하연이는 장엄하고 아름다운 노을 속에서 포르투의 아름다운 시간 속에서 아빠와 춤추고 싶었다. 그러나 내겐 용기가 없었고 거절당한 하연이가 삐졌다. 나는 하는 수 없이, 그래도 사람이 좀 적은 곳을 선택해 부끄러움을 무릅쓰고 하연이와 막춤을 춰야 했다. 나는 늘 하연이를 이기지 못한다.

스 페 인 동 명 일 기

포르투에서 마드리드로 가는 길은 스페인을 서쪽 끝에서 동쪽 방향으로 가로지르는 길이었다. 포르투는 스페인 서쪽 끝인 포르투갈 북부에 있고 마드리드는 스페인 한가운데 있으니 560킬로미터나 되는 고속도로를 다섯 시간이나 가야 했다. 대사관에 아홉시 전에 도착해야 했으므로, 마드리드 시내 출근길을 감안하여 포르투에서 새벽 세시에 출발했다. 함께 묵었던 덴마크 가족과는 전날 저녁에 미리 작별인사를 해두었다. 새벽에 체크아웃 하느라 부산을 떨어도 이해하시고 그냥 푹 자라고 양해도 구했다. 우리가 묵었던 파란양말 호스텔은 워낙 관광지 한가운데 있어 비싸기도 했고 주차장도 제공하지 않는 불편함이 있었다. 다행히 전날 밤 세 번째 렌터카인 닛산을 숙소 근처로 옮겨 주차해놓아서 새벽시간에 분주함을 다소 줄일 수 있었다. 원래 주차했던 자리는 포르투로 들어오던 길에 발견한 노상주차장이었다. 숙소에서 걸어서 20분이나 걸리는 거리였지만 2박 3일을 무료로 주차할 수 있다는 이점을 감안하면 주머니 가볍고 발걸음 빠른 내가 감사하게 주차할 수 있는 자리였다. 전날 밤 숙소로 돌아오는 길에 숙소 코앞에 있는 노상 유료주차장이 비어 있는 걸 발견하고 차를 그리로 옮겨놓았다. 그 시간제 유료주차장은 낮에는 비싼 코인을 먹지만 저녁 아홉시 이후에는 무료가 되는 주차장이었다. 지킬 박사와 하이드 씨하고는 정반대였다.

아침잠이 많은 세 모녀는 닛산이 출발하면서부터 좁은 차 안에서 서로 엉긴 채 잠에 취했고 나는 고속도로로 접어들었다. 마드리드가 두 시간쯤 남았을 때, 날이 밝고 있었다. 정동진하고 있었으므로 곧 해가 뜨면 진행 방향에서 일출을 볼 수도 있겠구나 싶었다. 아니나 다를까, 해가 뜨려 했다. 날씨까지 좋아서 대단한 일출을 기대할 만했다. 더러는 지리산이나 덕유산에서도 일출을 보았지만, 산보다 바다를 좋아하는 나는 바닷속에서 올라오는 해를 더 많이 보았다. 스페인 안쪽으로는 산이 드물었다. 스페인이나 프랑스 남부 고속도로를 가다 보이는 건 모두 올리브밭이거나 포도밭이다. 드넓은 지평선이 끝없이 펼쳐져 있어 어쩌면 내 생애 처음으로 평야에서 일출을 볼 수도 있을 거였다. 몇 시간 푹 자고 잠을 깬 아내도 같은 기대를 가지고 있었다.

내 생에 가장 장엄한 일출을 본 건, 열아홉 질풍노도의 시절에 우리나라를 한 달 간 걸었던 나 혼자만의 순례길에서였다. 당시 동해안을 걸어 북상하고 있을 때 울진 아래 망향정이라는 명소를 지났다. 뭐 지금이나 그때나 망향정을 언제 누가 왜 지었는지는 모르는데, 일단 정자가 있다는 것이었고, 곧 해가 저무는 시간이었고, 정자 주변에는 번듯한 잠자리가 있을 것이라고 짐작하여 정자를 찾아 야산을 올랐다. 야트막한 야산 꼭대기에 정말 고적한 정자가 있었다. 정자에서 바라보니 어둡게 내려앉은 밤바다가 달빛 아래 일렁이고 있었다. 주변을 살펴보니 가까운 곳에 무덤 하나가 있었다. 무덤 옆 평평한 곳에 서둘러 텐트를 쳤다. 랜턴도 변변히 없었기에 촛불 하나 밝히고 버너 위에 냄비를 올려 밥을 지었다. 밤바다를 건너온 바람이 텐트를 넘어뜨리려 했다. 고추장에 비벼 밥을 먹고 숭늉을 안주 삼아 소주 몇 잔 마신 뒤 피곤해서 금방 잠이 들었다. 텐트 안이 대낮처럼 환하다는 느낌에 잠을 깨 텐트 밖으로 나왔다. 늦잠 잤는지 일출을 놓친 게 분명해 보였다. 아침 바다라도 구경하자고 망향정에 올랐다. 새벽 시간이라 나 홀로 호젓한 정자였다. 그런데 아무리 찾아도 해가 보이지 않았다. 구름도 보이지 않는데 해가 어디로 숨은 걸까 생각하다가 해가 아직 뜨지 않았다는 걸 이내 알아차렸다. 구름 한 점 없는 앞쪽 동해바다가 서서히 밝게 변하고 이내 바다 한가운데가 붉게 물들기 시작했다. 내 생에 다시 못 볼 최고의 일출이 시작된 순간이었다. 그 붉은 기운이 점점 더 붉어지더니 하늘과 바다 위, 아래, 옆으로 붉은 빛이 뻗쳐나갔다. 붉은 기운의 정중앙에서부터 바다가 끓기 시작했다. 끓는 부위가 점점 넓어지고, 그 끓는 바다 위로 아지랑이가 일렁였다. 순간, 붉은 한 점으로부터 화살이 쏘아졌다. 일출의 시작이었다. 달걀노른자 같았던 빛 덩어리는 금세 허연 빛으로 바뀌더니 둥그런 제 모습을 온전히 보여주기 시작했다. 해가 반쯤 떠올랐을 때는 맨 눈으로 보기 어려울 정도로 밝게 빛났다. 해가 완전한 둥근 모습으로 떠오르자, 끓던 물거품도 서서히 잦아들기 시작했다. 아, 그것이 내가 본 생애 최고의 일출 장면이었다.

"물 밑 홍운(紅雲)을 헤치고 큰 실오라기 같은 줄이 붉기 더욱 기이하며, 기운이 진홍 같은 것이 차차 나 손바닥 나비 같은 것이 그믐밤에 보는 숯불 빛 같더라. 차차 나오더니, 그 위로 작은 회오리밤 같은 것이 붉기 호박(琥珀) 구슬 같고, 맑고 통랑(通朗)하기는 호박보다 더 곱더라. 그 붉은 위로 훌훌 움직여 도는데, 처음 났던 붉은 기운이 백지 반 장 나비만큼 반듯이 비치며, 밤 걷던 기운이 해 되어 차차 커 가며, 큰 쟁반만하여 불긋불긋 번듯번듯 뛰놀며, 적색이 온 바다에 끼치며, 먼저 붉은 기운이 차차 가시며, 해 흔들며 뛰놀기 더욱 자주하며, 항아리 같고 독 같은 것이 좌우로 뛰놀며, 황홀히 번득여 양목(兩目)이 어질하며, 붉은 기운이 명랑하여 첫 홍색을 헤치고 천중(天中)에 쟁반 같은 것이 수레바퀴 같아서 물속으로서 치밀어 받치듯이 올라붙으며, 항아리, 독 같은 기운이 스러지고, 처음 붉어 겉을 비추던 것은 모여 소의 혀처럼 드리워 물속에 풍덩 빠지는 듯싶더라. 일색(日色)이 조요(照耀)하며 물결의 붉은 기운이 차차 가시며 일광이 청랑(晴朗)하니, 만고 천하에 그런 장관은 대두(對頭)할 데 없을 듯하더라."

조선 후기 의유당남씨가 지은 수필 「의유당관북유람일기」에 수록된 일출 묘사다. 의유당이 동명일기를 쓰게 된 건, 남편이 함흥지방 관직을 맡아 임지로 발령될 때 동행하여 수년간 머물러 있으면서 일출 경관을 보게 된 것이 계기가 되었다. 고등학교 시절 공부에 뜻이 없어 허구헌날 꼴찌 성적을 맴돌았던 나였지만, 시와 소설은 좋아해 국어 성적만큼은 좋았다. 국어 시간에 인상 깊게 배웠던 동명일기의 일출 묘사를 여행 중에 망향정에서 직접 확인한 것이었다.

드넓은 스페인 올리브밭 너머 평야에서 해가 곧 올라오려 했다. 나는 고속도로 갓길에 쉼터처럼 조성된 안전지대에 차를 세웠다. 나를 따라 아내가 차에서 내렸다. 아이들은 아직 잠에 취해 있었다. 우리만 보기 너무 아까워 아이들을 깨워봤지만, 일출보다 잠이 더 좋은 나이였다. 우리 차의 진행 방향이 살짝 남쪽으로 꺾여 있었기에, 해는 고속도로 정면이 아니라 좌측에서 올라오고 있었다. 해가 조금씩 올라오면서 지평선 아래 푸른 올리브밭이 잠시 제 색을 잃고 어두워졌다. 구름은 멀리 중천에 몇 점 있을 뿐이어서 일출을 방해하지 않았다. 오히려 첫 햇살을 머금어 나뭇잎 같은 장식을 더하고 있었다. 바다에서 뜨는 해와 비교했을 때 평야에서 뜨는 해는 사뭇 심플했다. 빛이 번지고 물이 끓고 아지랑이가 일렁이는 착시 현상은 훨씬 덜했지만, 그러나 보다 강렬하고 직선적이며 명랑한 힘을 느낄 수 있었다. 일출이 진행되는 동안 나와 아내는 서로 꼭 끌어안았다. 서로가 체온으로 '이번 여행을 하게 돼서 당신이 참 고마워, 아름다운 여행이었어, 오늘을 잊지 못할 거야'라고 서로에게 말하고 있었다.

스페인 대사관이 본래 여정에 계획된 관광지는 아니었다. 대사관도 관광지가 될 수 있다는 생각을 그때는 못했다. 바르셀로나에서 귀중품을 몰아넣은 노랑가방을 루마니아인(스페인의 친절한 신사의 주장에 따르자면)에게 탈취당해 식구 세 명이 함께 임시여권을 발급받아야 하는 황당한 상황을 예견하지 못했으니까. 상식대로라면 사고 발생 다음날 바로 대사관으로 돌아와 임시여권을 발급받고 여행을 이어가야 했다. 그러나 예기치 못했던 도난사고로 모든 예약 일정을 취소하고 6시간 30분이 걸리는 먼 거리를 다시 돌아와 대사관으로 가면, 그 먼 길을 또다시 돌아와서 여행 스케줄을 이어가야 하는 것이었다. 그렇게 되면 우리 여정은 초반부터 헝클어지는 것이었으므로 모험을 택했던 것이다. 다행히 소연이가 스페인 경찰서에서 훌륭하고 상세하게 리포트를 작성했고, 각 여행지마다 예약한 숙소에 대한 증빙서류를 모두 가지고 있었기에 그런 모험이 가능했다. 물론 바르셀로나에서 전화로 대사관에 미리 신고를 했고 확인도 했다. 대사관 직원은 출국 전에만 임시여권을 발급받으면 된다고, 대사관에 일찍 오면 오전 중에 처리할 수 있다고 했다.

다행히 마드리드 시내 아침 교통 사정은 우리나라만큼 혼잡하진 않았다. 크게 밀리는 일 없이 대사관에 도착할 수 있었다. 대사관 정문에는 스페인 사람이 경비를 서고 있었는데, 우리 같은 사람을 많이 맞아본 경비 아저씨가 친절히 주차할 곳도 마련해주고 대기실로 안내도 해줬다. 난생 처음 대사관에 들어서는데, 살짝 흥분이 됐다. 스페인 안에 있는 우리나라 영토이지 않은가. 대기실에 들어서는데 정면에 문재인 대통령 사진이 걸려있었다. 과거 권위주의 시절에 박정희와 전두환의 사진을 여러 곳에서 보긴 했지만, 스페인에서 문재인 대통령 사진을 보니 감회가 새로웠다. 당연히 있어야 할 자리에 있는 사진인데도, 신기하고 반가웠다. 대사관 업무를 시작하기 30분 전이었는데도 꽤 여러 사람이 업무 시작을 기다리며 대기하고 있었다. 서로들 하는 이야기를 귀동냥 해보니 대부분이 우리처럼 여행지에서 여권을 도난당한 사람들이었다. 우리는 대기실에 앉아 임시여권

발급신청서를 썼다. 신청서에는 어디에서 어떤 경위로 여권을 잃게 되었는지 상세히 기술하도록 되어 있었다. 사진도 붙여야 했는데 대기실 현관 밖에 즉석사진기가 있어서 각자 20유로를 넣고 사진을 찍었다. 우리 세 명은 모두 동일한 내용이었지만 각자 신청서를 따로 작성해야 했으므로 내가 쓴 신청서를 모녀가 베껴 써서 제출했다.

신청서를 제출하고 기다리는데 회사원쯤으로 보이는 40대 남성이 늦게 들어와 신청서를 작성했다. 먼저 신청서를 작성한 내가 밖에 있는 흡연구역에서 담배를 피우고 있는데, 그 남자가 담배를 피우러 왔다. 남자들은 담배를 피울 때는 모두가 친구가 된다. 남자가 먼저 인사를 했다. 나도 인사를 하고 어디서 여권을 도난당했냐고 물었다. 서로가 무슨 무용담을 나누듯 황당했던 경험을 공유하고는 '이제 다 지난일'이라며 서로 격려하고 다음부터 조심하자고 다짐했다. 그런데 남자가 하는 말이 자기는 경찰서에서 리포트를 쓸 때 한국인 서포터가 있었다고 했다. 그리고 그 서포터의 도움으로 리포트를 꾸밀 때 실제 잃어버린 내용물보다 더 많은 내용물을 분실했다고 기재했다는 것이다. 한국에서 가져오지 않았던 노트북과 옷가지를 분실했다고 기재했다는 거였다. 남자 왈 '여행자 보험은 유가증권, 즉 현금 같은 건 보상하지 않는다. 그리고 항목당 보상도 얼마 되지 않는다. 그래서 실제 잃은 물건보다 여러 종류의 물건을 더 잃어버렸다고 해야 결국 잃은 만큼의 실보상을 받을 수 있다'는 논리였다. 자기는 그래서 잃어버린 만큼의 보상을 받을 수 있을 거라고 했다. 참 영리한 사람이었다. 아마도 해외여행을 많이 한 사람이 터득한 노하우였을 것이다. 사실 나중에 귀국해서 여행자보험에 보상청구를 하면서 그 사람 말이 옳다는 걸 확인했다. 여행자 보험 약관을 상세히 보지 않고서는 얼마나 많은 물건을 잃어버렸든 한 품목에 20만 원 이상의 보상은 없다는 걸 알 도리가 없었다. 게다가 그 남자 말처럼 유가증권은 보상도 안됐다. 그래서 금쪽같은 노랑가방을 잃고도 내가 보상받을 수 있는 건 고작 60만 원밖에 안 된다는 걸 나중에 알게 됐다. 물론 거짓 리포트를 작성한 남자 행위가 옳았다고 생각할 순 없지만 영악한 보험사에도 화가 나는 일이었다. 어쨌거나 그 남자의 자랑인지 조언인지 모를 말을 듣고 나는 꾀가 없는 나 자신이 못나 보여 잠시 속이 상했다. 대기실에 돌아와 아내와 딸들에게 그 남자 이야길 전하려다가 문득 바보 같은 짓이라는 생각이 들었다. 그 남자가 영리한 꾀돌이였는지는 모르겠지만, 정당한 행동은 아닌 것이었으며, 소연이가 얼마나 열심히 경찰과 리포트를 작성했는지 보았는데 그런 이야길 전하면 소연이 마음도 상할 것 같았다. '그래, 다 지난 일을 뭐 하러 얘기해, 나처럼 속만 상하지'라고 생각하고 입을 닫았다. 때로는 모르는 게 약이기도 하고, 정직하지 못한 행위를 부러워해서는 안 될 일이었다.

집으로 가는 길

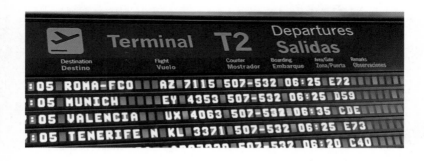

눈을 감고는 있었지만 한숨도 못 잤다. 2인용 침대를 아내와 막내와 셋이서 써야 했기에 잠자리가 불편했던 탓도 있었다. 나중에 알게 되었지만 침대벌레 때문이기도 했다. 나는 본래 모기든 벌레든 무는 것들에 무딘 사람이라 몰랐으리라. 귀국 후 아내가 몸을 보여줬는데 몸에 온통 벌레 물린 자국 투성이였다. 모기가 문 자국보다 훨씬 넓게 부어올랐다. 가려움 증세도 훨씬 심했다. 아내가 경험자에게 들었는데 유럽 여행 중 다반사로 겪는 '침대벌레'에 물린 거라고 했다. 더러운 매트리스에 사는 침대벌레는 아주 지독하다고도 했다. 그래서 더욱 잠을 못 이루었겠지만, 그보다는 막내 하연이와 다투었던 것이 마음을 상하게 했기 때문이었다.

발단은 내가 예약한 그 몹쓸 숙소 때문이었다. 소연이가 미리 예약했던 숙소들은 대부분 좋았는데 내가 예약한 숙소는 비싸면서도 형편없었다. 처음 이 숙소에 대해 문의했을 때 주인은 근처에 무료주차할 곳이 있다고 했다. 마드리드는 주차가 어려운데 다행히 주차장이 있다니 주차비까지 계산에 넣으면 되려 싼 편이라고 좋아했다. 숙소에 도착했을 때 주인 딸인 듯한 아가씨는 "집앞 갈옆에 있는 주자장이 원래는 유료인데 주민들 누구도 유료로 사용하지 않는다"고 했다. 빈곳에 주차하면 된다고 했고 마침 빈곳이 있어 주차를 했다. 그런데 두 시간 후에 차를 빼려고 보니 주차위반 딱지가 우리 차에만 붙어 있었다. 길가 양쪽에 일렬로 주차된 수십 대의 차 중에 딱 우리 차에만 딱지가 붙어 있었다. 외지 차량이란 걸 알았는지, '우리와는 달리 너희는 주차비를 냈어야 해'라는 거였다. 화가 나서 주인에게 전화로 항의했더니, 안됐지만 어쩔 도리가 없다고 했다. 나는 화를 내며 "니가 괜찮다고 해서 주차했으니 책임을 져야 한다"고 얘기했지만 이미 숙박비를 지불한 다음이었으므로, 자긴 어쩔 수 없다는 말만 되풀이했다. 믿을 수 없는 서비스, 좁은 방, 좁은 침대, 허술한 욕실, 창문을 열어도 벽밖에 보이지 않는 답답함. 정말 유럽 여행 중 최악의 숙소를 내가 고른 거였다.

욕실 샤워기 꼭지가 말썽을 부린 것까지도 참을 수 있었다. 막내가 샤워를 끝내고 나오다가 미끄러운 욕실 깔판을 딛고 쿠당탕 큰소리를 내며 넘어졌다. 얼마나 세게 넘어졌는지 막내는 한동안 일어서지도 못했다. 아내가 기겁을 하고 욕실로 들어가 타월로 대충 몸을 가리고 막내를 침대로 건져왔다. 나도 많이 놀랐다. 우리가 여행 중에 많은 일을 겪었지만 내가 살짝 과도에 베었던 것 말고는 크게 몸 상한 일은 없어서 그나마 다행이라고 생각했는데, 여행 마지막 밤에 하연이가 발목을 접질린 것 같아 속이 많이 상했다. 내가 하연이 발목을 만져가며 상태를 살폈다. 발목을 어루만지다 보니 종아리 피부가 습기 없이 말라서 각질 투성이였다. 피부는 건강의 파라미터 아닌가. 부어오른 발목도 걱정됐다. 병원에 가야할지 가늠하다가 쌓였던 불만이 폭발했다.

"하연이 너, 귀국하면 방학동안 모든 일 다 접고 거창 내려와서 몸 추스르고 다시 올라가. 안 그러면 영화고 뭐고 다 그만둬." 그렇게까지 심하게 말할 것은 아니었는데, 내내 하고 싶었던 제안이기도 했고, 그보다는 내가 많이 놀랐었던 거다. 듣고 있던 하연이도 화를 냈다.

"왜 아빠 마음대로 그런 걸 결정해, 나도 내 계획이 있잖아. 내가 알아서 할 거야" 하면서 소리쳤다. 나는 더욱 화가 나서 이런저런 심한 말을 했다.

사실 내가 하연이에게 화가 난 건 여행을 시작할 때부터였다. 여행 직전에 만난 하연이 얼굴은 하연이가 얼마나 힘들게 생활하고 있는지, 하고 있는 일에 지쳐 얼마나 제 몸 하나 관리를 못했는지 말해주고 있었다. 제 언니 말에 의하면 한밤중에 집에 들어와 밀린 일 때문에 침대에 들어가지도 않고 책상 앞에서 무얼 하다가 책상에 엎드려 잠을 자는 일도 다반사였다. 얼굴은 핏기 없이 하얗고 입술 주변이 다 헐고 벗겨졌다. 본래 아토피가 심한데 이번엔 입술 아래 위로 유독 심하게 피부가 벗겨져 있었다. 하연이는 무슨 일을 하든 대충하는 법이 없었다. 중학교 때 체육시험으로 농구 골을 다섯 개 성공시켜야 하는 과제가 있었다. 반에서 제일 키가 작은 편이었고, 한 살 일찍 학교에 들어가 어리기까지 한 하연이에게 농구 골 시험이라니. 나는 하연이가 쉽지 않은 시험에 들었다고 생각했다. 그런데 녀석은 밤마다 농구장에서 연습을 했고, 결국 다섯 골을 넣어 만점을 받았다. 수행평가 숙제가 주어지면 밤을 새워 하는 통에 나까지 잠을 못 자게 하기 일쑤였다. 영어 말하기 대회에 나가기 위해 대사를 모두 암기했다. 과외를 하지 않고도 전교 몇 등 안에 들 정도로, 무슨 일이든 대충할 수 없는 악착같은 아이가 하연이었다. 그런 하연이가 영화과에 들어가더니 동아리 선

배들을 따라다니며 영화 찍는다고 제대로 밥도 못 먹고 뛰어다닌 지 1년이 넘었다. 영화만 했던 게 아니라 무슨 뮤지컬 연출을 한다고 또 몇 달간 넝마처럼 지쳐갔다. 하고 싶은 일에 열정을 다하는 건 좋은 일이나, 하연이의 성격과 상태를 아는 우리 부부는 늘 하연이의 넘치는 듯한 열정이 건강을 해칠지 몰라 걱정했다. 여행 전에 하연이 얼굴을 본 순간부터 마음이 상했고, 잔소리 하고 싶은 걸 꾹꾹 참았는데, 몸이 부실해서 넘어졌을 거라고 생각하니 더욱 화가 났던 거다.

아내가 말리기도 했고, 여행 중에 이러면 안 되겠다고 생각하고 잠을 청했다. 바로 자도 서너 시간 밖에 못 자는데, 그마저도 잠이 안 왔다. 2인 침대에 횡으로 누워 맨 끝에 내가, 가운데에 아내가, 반대편에 하연이가 잤다. 하연이도 나와 다투어 마음이 상했는지 잠을 못 자는 눈치였다. '누우면 3초'라는 별명이 있는 나였지만 잠을 청할수록 하연이에 대한 생각만 깊어졌다. '애비가 왜 화를 내는지 모른단 말인가? 저 녀석은 대체 무얼 하고 다니기에 몸이 저 모양인가? 어떻게 해야 건강이 우선이란 걸 알 수 있을 것인가? 열심히 한다고 다 좋은 게 아니라 무엇을 어떻게 해야 할지 아는 게 중요하단 걸 어떻게 이해시킨단 말인가?' 스페인의 마지막 밤을 하얗게 지새우는 생각이 꼬리에 꼬리를 물었다. 침대벌레까지 우리를 깨물었다.

새벽 세시로 알람을 맞추어놓았지만 알람이 울리기 전에 내가 먼저 알람을 해제했다. 전날 밤에 짐은 다 싸놓았으니 내가 먼저 씻고 아내와 아이들을 깨우려 했는데, 모두들 알아서 일어났다. 눈치를 보니 아내만 잠깐 잠들었고 하연이도 잠을 설친 듯했다. 하연이는 엄마를 닮아 토라지면 말도 안 하고 반응도 안 한다. 역시 삐졌다. 나는 아내와 다투면 내가 피곤해서 못 견딘다. 그래서 작은 다툼은 내가 이기고 큰 싸움은 아내가 이긴다. 큰 싸움은 몇 년에 한 번 있는 정도다. 하연이와도 마찬가지다. 하연이가 화나면 내가 하연이를 못 이긴다. 이 녀석은 분명 귀국해 헤어질 때까지 나와 말을 안 할 거다. 괜히 큰소리를 쳤다. 좋게 말할 걸. 나만 괴롭게 생겼다. 부산하게 움직여 나갈 준비를 마쳤다. 침대 이층에서 자다 깬 소연이와 포옹하고 작별을 했다. 지금까지 여행을 함께 한 소연이와 함께 귀국하지 못한다는 게 너무 아쉬웠다. 이제 남은 여정은 공항으로 가서 닛산을 반납하고 비행기를 타는 일뿐이었는데, 어쩐지 소연이 없이 공항으로 가는 게 불안도 했다. 소연이가 이번 여행에서 우리 가족에게 얼마나 큰 의지가 됐었는지 새삼 깨닫는 순간이었다.

공항은 그리 멀지 않은 곳에 있었지만 혹시나 하는 생각에 두 시간 여유에 한 시간을 더하여 세 시간 여유를 두고 나왔다. 우리 여행을 돌이켜보면 온갖 황당한 사고의 연속이었다. 무슨 일이 또 어떻게 벌어질지 몰라 한 시간 더 여유를 둔 거였다. 어제 저녁 주차 딱지를 떼고 나서 옮긴 유료주차장에 가서 닛산을 찾아 출발했다. 하연이는 여전히 토라져 아무 말도 없이 어두운 창밖만 바라보고 있었다. 공항으로 가는 고속도로는 당연히 한산했다. 공항에 거의 다 왔을 때 도로를 잘못 들어 10분을 돌았다. 10

분 정도야 그럴 수 있었지만 지금껏 20일 동안 운전하면서 길을 잘못 든 적이 거의 없었는데, 마지막 순간에 실수를 한 거였다. 왠지 집으로 가는 길이 순탄치 않을 것 같다는 예감이 나를 불안하게 했고, 그 불안이 쓸 데 없는 의심으로 이어져 불필요한 실수를 한 것이다. 가던 길을 돌아 다시 공항 가는 길을 찾았고, 공항 주차장으로 향했다. 그런데 공항에는 1터미널과 2터미널이 있었다. 입국할 때는 내가 터미널을 선택할 일이 없었기에 마드리드 공항에 터미널이 두 개인 줄 몰랐다. 렌터카를 반납하려면 어느쪽 주차장으로 가야 할지 알 수 없었다. 물어볼 사람도 없었다. 주변을 살펴보며 주차장으로 들어가지 않고 공항 내부 도로를 두 바퀴 돌며 살폈지만 알 길이 없었다. 일단 1터미널 주차장으로 들어갔다. 들어가서 주차장 내부 도로를 돌아다녔지만 여전히 찾을 수 없었다. 하는 수 없이 비상깜박이를 켜고 중간에 차를 세워두고 관리동 건물로 걸어 들어갔다. 일층에는 아무것도 없어서 엘리베이터를 타고 이층으로 가니 사람이 있었다. 관리자에게 렌터카를 반납하려면 어디로 가나 물었더니 다른 주차장으로 가랬다. 그러나 다른 주차장으로 가려면 일단 주차장 정산을 해야 한다는 거다. 좀 짜증이 났지만 어찌하겠나. 익숙지 않은 무인 주차기로 어렵게 정산을 마치고 내려가 다른 주차장으로 가기 위해 차를 뺐다. 길을 좀 해매다 다른 주차장으로 가긴 했는데 렌터카 업체를 찾기가 여전히 어려웠다. 주차장을 오랫동안 헤매느라고 여유를 뒀던 시간을 다 잃고 있었다. 그동안 토라져 있었던 하연이마저 당황스런 상황이 전개되자 걱정을 하고 있는 낯빛이었다. 나중에 보니 안내 표지가 있었는데 그땐 당황해서 내 눈에 보이지 않았다. 내부 도로를 한참 돌다가 처음 렌터카를 빌렸던 업체 사무실을 겨우 찾았고 그 옆에 주차를 할 수 있었다. 서둘러 짐을 빼고 차 안에 둔 물건이 없는지 재차 확인하고 트렁크를 끌고 터미널로 발걸음을 재촉했다. 한 시간 더 여유를 둔 건 정말 현명한 선택이었다. 주차장에서 헤맨 시간이 족히 한 시간이나 되었기 때문이었다. 이제는 시간 여유가 별로 없었다.

그런데 문제는 거기서 끝나지 않았다. 공항에서 렌터카 키를 반납하기로 했었다. 렌터카 업체 사무실 앞으로 갔는데 사무실 문은 잠겨 있었고 나오기로 한 직원은 보이지 않았다. 어찌 된 사정인지 알 도리가 없었다. 기다리고 있기에는 시간이 촉급했다. 급한 마음에 소연이에게 전화를 했다.

"소연아, 렌터카 업체 사람이 안 나와서 차 키를 돌려주지 못하고 있어. 빨리 업체에 전화해봐."

다급해하는 소리에 소연이도 놀라서 업체에 전화를 했다. 그러나 새벽 이른 시각이어서 전화를 받지 않았다. 우리는 혹시 이 업체 사무실이 여기만 있는 게 아니라 두 터미널에 모두 있는 게 아닐까 추측하고는 양쪽 터미널 렌터카 업체 사무실을 모두 찾아 돌아다녔다. 역시 그랬다. 두 곳에 사무실이 있었다. 그러나 두 곳 모두 문이 잠겨 있었다. 허탈하고 초조했다. 더구나 단체 관광객이 출국을 하는 모양인지 티케팅을 하는 줄이 벌써부터 어마무시하게 길었다. '이러다 비행기 못 타는 거 아냐?' 이런 걱정이 현실이 되고 있었다. 어젯밤부터 삐져 있던 하연이도 긴장하긴 마찬가지였다. 평소 같으면 절대 말을 걸 하연이가 아니었는데 위기 상황임을 감지한 하연이가 이런저런 말을 보태고 협조를 하고 있었다. 나는 상황에 대한 선택을 해야 했다.

"지금쯤은 처음에 갔던 사무실에 사람이 나와 있을지도 몰라, 내가 얼른 가볼 테니까 당신은 하연이하고 여기 줄을 서."

"하지만 거긴 너무 멀어. 왕복 삼십분은 걸릴 텐데……"

"내가 빨리 갔다 올게. 혹시 우리 순서에 내가 안 오면 뒷사람을 먼저 보내면서 줄에서 벗어나지 말고 줄에 남아 있어야 해."

당부를 마치고 나는 왔던 길을 되돌아 〈미션 임파서블〉의 탐 크루즈가 되어 힘껏 달렸다. 공항에서 그렇게 뛰어보긴 처음이었다. 다행히 여러 번 헤맨 덕분에 길은 눈에 다 익었다. 에스컬레이터는 무시하고 계단으로 뛰었다. 십분도 못 되어 처음 찾았던 사무실 앞에 도착했다. 심장은 터질 것 같았고, 셔츠는 짜면 물 한 컵은 나올 것처럼 땀으로 젖어 있었다. 그러나 역시 문이 닫혀 있었다. 절망. 그렇다면 이제는 차 키를 가지고 그냥 귀국해서 택배로 보내는 수밖에 도리가 없었다. 그런데 그때 마침 우리 렌터카 업체 옆 회사 사람이 나와서 문을 열었다. 나는 그 사람에게 가서 서툰 영어로 사정을 말했다

"렌터카 키를 반납해야 하는데 사람이 없어, 니가 키를 좀 전해줘."

"안돼, 저기 주차장에 가면 키 반납통이 있어. 거기다 넣어."

"뭐? 그런 게 있었어? 젠장, 그렇지만 이제 안 돼. 시간이 없어. 난 지금 바로 티케팅 하러 가야 돼, 니가 전해줘."

"그래? 알았어. 하는 수 없지."

나는 옆 회사 직원에게 키를 주고 그 직원이 안볼 때 잽싸게 가게 이름과 인물이 담기도록 증빙사진을 한 장 찍고, 출국장을 향해 다시 탐 크루즈가 되어 달렸다. 아내와 딸에게 왔을 때는 거의 줄이 다 줄긴 했지만 아직 우리 차례는 되기 전이었다. 다행이었다. 구슬 같은 땀을 닦으며 키를 돌려주고 왔다고 말하자, 아내와 딸은 그제서야 평온을 되찾았다. 우리는 바로 티케팅을 하고 보안검색대를 지나 거의 마지막 탑승 시간에 비행기에 오를 수 있었다. 이번 여행의 화끈하다 못해 뜨거운 마무리였다. 돌아오는 비행기에서는 셋이 나란히 앉을 수 있었다. 그런 면에서 스페인 항공사 직원들이 우리나라 항공사 직원들보다 훨씬 착한 듯했다. 위기의 상황을 함께 겪으면서 하연이와 나는 어느새 화해했고, 다정한 부녀로 돌아가 있었다.

처음 우리 가족이 여행 일정을 계획할 때에는 귀국길에 로마 관광을 하기로 했었다. 그래서 귀국 티켓을 구입할 당시 로마 공항에서 6시간 환승 간격을 두었다. 그 편이 항공 티켓도 저렴했다. 로마 공항(레오나르도다 빈치 공항)을 나와서 고속 전철을 이용하면 쉽게 로마 시내로 들어갈 수 있다고 했다. 모두가 알 만한 유명 여행지가 로마 시내 주변에 밀집해 있으므로 번개처럼 돌아보는 데는 몇 시간이면 가능할 듯했다. 그것을 보너스 여행으로 계획했던 거다. 그런데 환승을 위한 중간 기착지인 로마 공항에서 아내가 일정 변경을 요구했다.

"난 이제 더이상 모험을 하고 싶지 않아. 너무 피곤하고, 무슨 일이 또 생길지 불안해."

"뭐야 그럼. 이 북적북적한 공항에서 여섯 시간을 기다리자고?"

"차라리 그 편이 나아. 이제 로마로 들어가면 귀국 비행기를 놓칠 것만 같아."

"그래 아빠, 엄마가 너무 힘들어 해."

"……."

나는 계획한 여행을 강행하고 싶었지만 20일 동안 겪었던 수많은 돌발 상황, 임시여권, 아내의 체력소진, 게다가 귀국 비행기를 놓칠 뻔했던 상황들을 돌이켜볼 때, 로마 시내 관광을 계속 주장하기 어려웠다. 더구나 여행의 좌파 동료인 소연이도 내 곁에 없었다. 그러나 계획을 수정하고 기다리기엔 로마 공항이 너무나 복잡했고, 공항 안에 지친 식구들이 쉴 만한 공간은 없어 보였다. 아내와 막내에게 내가 쉴 곳을 좀 찾아보겠다고 말하고 공항 아래 위층을 돌아다녔다.

로마 공항은 유럽과 아시아를 잇는 환승 역할을 하는 공항이어서, 규모도 컸고 대단히 혼잡했다. 10여 분을 돌아다니다가 침대식 장의자에 누워 있는 10여 명의 사람들을 발견했다. 처음엔 그들이 무슨 VIP 승객인가 보다 했는데, 자세히 살펴보니 그냥 운이 좋으면 그 편한 장의자를 차지할 수 있는 거였다. '옳거니' 생각하고 장의자 주변을 서성거렸다. 누군가 비행기 시간이 되면 일어나는 사람이 있을 테고, 한 자리라도 차지하면 지친 아내만이라도 좀 편히 쉴 수 있겠다 싶었다. 장의자 주변에서 10여 분간 지키고 서 있자니 좀 머쓱했다. 누워 있는 사람들은 내 의도를 아는지 피식 웃기만 하고 비켜주지 않았다. 기다리고 있는데 프랑스 사람 내외가 나처럼 장의자를 노리고 주변을 왔다갔다 하는 게 보였다. 나는 사십대로 보이는 프랑스 남자를 노려보았다. 그 프랑스 사람은 내 시선을 의식하고는 마주 쳐다보다가 결국 나한테 눈싸움을 지고는 그곳을 떠났다. 나는 어렸을 때부터 눈싸움에 일가견이 있었다. 프랑스 사람이 간 뒤에도 서너 사람이 의자를 차지하기 위해 왔었지만 장의자에 딱 붙어 대기하고 있는 나를 보고는 물러나곤 했다. 20분쯤 기다렸을 때 알람소리가 울리며 자고 있던 백인 아가씨가 주섬주섬 짐을 챙기는 게 보였다. 옳거니, 싶어 두 걸음 옆인 백인 아가씨 앞으로 이동했다. 아가씨는 내 의도를 알고는 웃으며 '나는 간다, 잘 쉬라'는 뜻인 듯, 아마도 이탈리아어인 듯한 말을 남기고 사라졌다. 아주 예쁘고 날씬한 아가씨였다. 나는 드디어 장의자를 차지했다. 나는 바로 아내와 막내에게 카톡으로 위층 흡연부스 옆 창가로 오라고 했다. 얼마 후 아내에게 권한 장의자를 막내가 차지하고는 편히 누울 수 있었다. 그런데 이게 웬 행운. 막내가 장의자를 차지한 직후 바로 옆 장의자 두 개가 또 비었고, 마침 하연이를 눕히던 우리 가족은 모두 장의자를 차지할 수 있었다. 그건 거의 로또 확률 같은 일이었다.

우리 가족은 모두 긴장을 풀고 행복한 공항대기 모드로 들어갔다. 아내는 옆자리에 누운 막내 얼굴에 마사지팩을 붙였다. 거친 막내 피부가 안타까웠는데, 누운 김에 다리 뻗는 격이었다. 막내뿐 아니라 자기 얼굴에도 하얀 탈바가지처럼 마사지팩을 붙이고 누워 잠을 청했다. 피곤했던 두 사람은 곧 코까지 골며 잠에 떨어졌는데, 나는 창피해서 잠자기가 힘들었다. 외국인들 눈엔 마스크팩을 하고 누워 있는 모녀가 아주 신기했든지 가는 사람마다 신기하게 쳐다보고 킥킥거리는 것이었다. 나는 슬그머니 장의자를 옮겨 두 모녀와 모르는 사람처럼 등을 돌리고 누웠지만 동양인 셋이 나란히 누워 있는데 내가 그들의 남편이고 아빠란 사실을 누가 모르겠는가. 마치 수꿩이 수풀 속에 머리만 박고 있는 것과 같았다. 그렇게 수많은 여행자들의 눈길을 다섯 시간 동안 받아내며 버티고서야 귀국하는 환승 비행기에 오를 수 있었다. 다시 하고 싶지 않은 경험이었다. 그 말이 맞았다. 역시 집 떠나면 개고생이었다.

우리 동네 톡투유

아내와 나는 대학에서 만났다. 우리는 6년간 연애를 하고 결혼했다. 화장실도 별도로 없었던 서울 신대방동 옥탑방에서 우리는 신혼살림을 시작했다. 이사와 이사를 거듭하던 끝에, 전세금 규모로 집을 살 수 있었던 남양주 마석에서 처음 24평짜리 내집을 마련했다. 마석에서 직장인 서울 양재동까지는 출퇴근 시간이 빨라야 편도 한 시간, 왕복 두 시간이나 걸렸다. 다소 힘들었지만 가족들이 좋은 환경에서 살아갈 수 있었으므로 감수할 만한 가치가 있었다. 우리가 정착한 직후, 부모님도 하시던 장사를 접고 마석으로 이주하셨다. 부모님도 우릴 의지했지만 우리도 부모께 의지했다. 맞벌이 부모 밑에서 자라는 두 딸을 할머니가 거두어주셔서 아이들은 부족함 없이 자랄 수 있었다. 그곳에서 십년간 부모님을 모시고 아이들을 키웠다. 남양주 마석에서의 삶은 행복했다. 아이들은 물과 공기가 좋은 곳에서 자랄 수 있었고, 없는 살림에도 우리는 주말마다 캠핑을 다녔다. 나는 부산에서 태어나 유년시절부터 고등학교를 졸업할 때까지 대전서 자랐고, 그 후엔 서울과 근처 위성도시에서 살았다. 반평생을 대도시에서만 산셈이었다. 그때문인지, 늘 시골을 동경했다. 도회지 외곽이며 전원의 향기가 물씬 나는 남양주에서의 삶은, 나와 우리 가족에게 다소나마 위안이 되었던 시절이었다.

그랬던 우리 가족에게 변화의 시기가 닥쳐왔다. 공기업 교육팀 팀장으로 근무하고 있던 나는 발전도 모험도 없는 회사 업무에 염증을 느끼고 있었다. 그런 내게 새로운 기회가 주어졌다. 당시 내가 모시고 있던 이사 한

분과 동료 팀장 한 명, 후배 한 명, 그리고 나, 이렇게 넷이서 소주 한 잔 하는 자리에서 그 일은 시작됐다. 소주를 마시며 업무반 농담반으로 중국 산업에 밀리는 우리 산업계의 난감한 비전에 대한 이야기를 주고받던 중, 이사 분이 경남 거창에 우리 산업계에 필요한 기술인력을 양성할 특성화 대학을 만들자고 제안했다. 마침 거창군에 폐교 직전의 기능대학이 하나 있다는 정보를 입수했던 차였다. 처음엔 농담처럼 시작된 이야기가, 살이 붙으면서 술자리를 파하기 전에는 진담이 돼 있었다. 이사는 내게 사업계획서를 다음날 아침까지 써오라고 지시했고, 나는 취기를 이겨가며 밤을 지새워 여섯 쪽짜리 사업계획서를 썼다. 시골에 특성화 대학 하나 달랑 설립한다고 학생이나 업계 사람들이 모일 리 없었다. 산업단지, 대학, R&D 센터를 한꺼번에 클러스터로 건설하는 방향의 프로젝트로 계획서는 만들어졌다. 우리에겐 투자받을 돈이 십원도 없었으므로 자금계획은 잡지 못했다. 며칠 후 이사는 지식경제부 차관을 만나 계획을 보고했다. 차관은 국내에 유례가 없는 '아래로부터의 산업 클러스터 조성 계획'에 대해 혁신적인 계획이라고 추진을 독려했다. 우리는 바로 거창군으로 내려가 군수께 클러스터 조성 계획을 설명했고, 지식경제부에서도 긍정적으로 생각한다는 보고를 접한 거창군수는 거창군의 미래 먹거리 산업임을 직감하고 적극적인 협력을 다짐했다. 이후 업계와 지식경제부, 경상남도, 거창군의 협력 속에 특성화 대학이 설립되었고, 수도권과 지방의 업계 사장들을 4년 동안 쫓아다니며 설득한 결과, 산업단지도 조성할 수 있었다. 나를 포함한 전 직장 간부 20여 명이 투입되어 스무날 동안 꼬박 작업한 600쪽짜리 계획서에 힘입어 R&D 센터도 건립되었다. 이 모든 일이 지난 십년간 이루어졌다.

그러는 동안 나는 5년간 기러기아빠 생활을 해야 했고, 불안한 기초 위에 설립된 직장에서 3년간 삭감된 급여조차 밀려 받는 지독한 생활고를 겪어야 했다. 급여가 밀리는 동안 거창 읍내에서 10킬로미터 떨어진 싸구려 블록집을 구해 한파와 싸우며 지내야 했다. 당시 나는 매일 왕복 20킬로미터를 자전거로 출퇴근했다. 가깝지 않은 길을 자전거로 출퇴근하겠다고 결정한 이유는, 불안한 직장의 미래를 감안했을 때 어떤 경우라도 건강만큼은 지켜야겠다고 결심했기 때문이었다. 자전거로 출퇴근하는 길은 정말 좋았다. 온 몸에 땀이 날 정도로 운동도 많이 되었고, 아름다운 시골길을 달려 출퇴근하는 자체가 힐링이 되는 일상이었다. 봄, 여름, 가을까지는 그랬다. 겨울은 쉽지 않았다. 몸의 살이 보이지 않도록 완전무장을 한 채 자전거를 타야 했고, 흠뻑 땀을 흘렸지만 씻을 곳이 없었다. 하필이면 그해 겨울은 유난히 추웠다. 한 달 이상 온도가 영상으로 올라가지 않아, 마당의 동결된 수도가 풀리지 않았다. 물 없는 생활을 한 달 간 해야 했다. 직장에도 샤워시설이 없었고, 세면장에는 더운물이 나오지 않았다. 화장실에서 씻는 모습을 직원들에게 보이고 싶지 않았기에 겨울 내내 다른 직원들이 출근하기 전 어둑한 시간에 직장에 도착해서 화장실에서 찬물로 머리를 감았다. 눈 오는 날엔 자전거를 탈 수 없어 걸었다. 주상면에서, 그 다음엔

남상면에서, 자전거를 포기하고 이어폰을 꽂고 음악을 들으며 한시간 반을 걸어서 출근했다. 그렇게 5년간 자전거와 도보로 출퇴근했다. 쉽지 않은 생활이었지만 계획대로 나는 건강을 지킬 수 있었고, 모진 시련의 세월을 견딜 수 있었다.

재정난에 휘청이던 직장이 정상화되면서 3년간 밀렸던 급여를 받자마자 땅을 샀다. 내 명의로 땅을 사보긴 처음이었다. 평당 10만 원 남짓한, 남향의 반듯한 땅이었다. 나를 아끼는 주변 이웃들은 '미쳤냐, 읍내도 아니고 시골구석에 왜 집을 짓느냐, 짓고 나면 팔리지도 않는다. 후회할 거다'라며 걱정들 했다. 그렇지만 나는 생각이 달랐다. 편안한 아파트 생활을 원했으면 미쳤다고 잘나가는 공기업 고위직 자리를 내놓고 시골로 왔을까. 평생을 아파트에서 살았는데, 또 도심과 아파트에서 살 거면 거창읍이 아니라 서울에서 살아야 했다. 나는 명백히 귀촌을 원했던 거였다. 망설이지 않고 땅을 샀다. 다행히 아내도 생각이 같았다. 지금 사는 우리 땅을 구하기 위해 몇 년 동안 시골 땅을 물색했었다. 처음에는 서울에서 이주하는 직장 동료들과 함께 지자체 보조를 받아 전원주택 단지를 조성할 계획이었다. 그래서 3천 평 정도 되는 부지를 찾아다녔다. 그런데 그 일은 쉽지 않았다. 무엇보다도 집을 짓고자 하는 사람들의 요구가 천차만별이었다. 아이들이 어린 경우 거창읍에서 가까운 위치를 선호했다. 당연히 유치원이나 학교 문제 때문에 그럴 수밖에 없었다. 그러나 그런 위치에서 나온 땅은 우리가 감당할 수 있는 가격이 아니었다. 다른 한편, 아이들이 커서 서울에 있는 경우 한적하고 싼 변두리 넓은 땅을 원했다. 나는 후자의 경우였다. 어쨌거나 처음 의도와는 달리 함께 주택단지를 조성하지 못하고 있는 사이, 직장에 재정난까지 겹치면서 공동 주택단지 조성은 물 건너갔다. 그래서 나는 그때부터 나 혼자서라도 땅을 구해 집을 짓겠다고 마음먹고 집 지을 땅을 찾았던 거다.

의외로 시골 땅은 잘 나오지 않았다. 나온 땅들은 다 이런저런 이유로 마땅치 않았다. 지금의 집터를 구입하기로 결정하기 전날 우리는 합천군과의 경계에 조성된 전원주택지를 최종적으로 선택했다. 다음날이면 계약을 하기로 했다. 그런데 계약하기로 한 날 오전에 생활정보지에 난 한 줄의 광고를 보고, 나는 마지막이라고 생각하고 읍에서 10킬로미터 떨어진 집터를 찾았다. 주변에 민가가 전혀 없어 집터로 보이지 않는 땅이었다. 차를 타고 집터 가운데 들어가 차 밖으로 나왔다. 그 순간 나는 오월의 따사로운 햇볕에 매료되고 말았다. 한 번도 느껴보지 못했던 따사로운 봄볕에 취해 휘청거렸다. 한참 동안 눈을 감고 봄볕을 만끽하면서 나는 이 집터가 내 것이 될 것임을 확신했다. 전화로 아내에게 내가 마지막으로 집터를 보았으니 당신도 한번 보라고 얘기했다. 아내는 어제 다 결정해놓고서 또 무슨 미련이냐며 타박했다. 나는 마지막 한 번만 보라고 사정했다. 성화에 못이긴 아내가 혼자서 집터를 찾아갔다. 그리고 그 뒤는 나와 똑같았다. 아내 역시 차에서 내려 집터에 들어선 순간 전율같이 감싸는 오월의 햇볕에 반했다고 했다. 그래서 그 땅은 우리 것이 되었다.

그 땅에 집을 지었다. 평소 목조주택을 선호했기에 미국식 경량목구조로 집을 지었다. 땅은 380평으로 넓었는데 가진 돈이 많지 않았으므로 남양주의 아파트를 팔아 30평짜리 하얀색 목조주택을 지었다. 아이들은 모두 서울에서 학교를 다녀야 했기에, 새로 짓는 집은 우리 부부와 부모님, 이렇게 네 명이 살 집이었다. 그래서 집을 특이하게 지었다. 일(一)자 집의 왼쪽 끝으로부터 우리부부 원룸, 다용도실, 아버지 방, 어머니 원룸 이렇게 네 구획으로 단순하게 지었다. 부모님을 모시고 사는 며느리 입장에서는, 모시고 살기는 하지만 최대한 동선과 소음이 얽히지 않아야 삶이 편할 거였고, 부모님 입장에서도 그건 마찬가지였다. 설계할 때부터 그런 점을 생각했다. 그래서 부모님이 쓰실 공간과 우리가 쓸 공간 가운데에 다용도실을 넣었다. 다용도실 안에는 다락방이 있다. 노래 가사처럼 '우리 집에 제일 높은 곳, 조그만 다락방'이며 '넓고 큰 방도 있지만, 난 그곳이 좋아요'였다. 잠이 가장 잘 오고, 겨울에 따뜻하고 여름에 시원한 공간이었다. 밤에는 지금 글을 쓰고 있는 다락방에 있을 때 가장 행복했다.

서울에서 자기주도학습센터를 운영하던 아내는 너무 오랫동안 나와 떨어져 있게 되자 고맙게도 학원을 정리하고 거창으로 나를 따라 내려와 주었다. 당시 새로 설립된 내 직장이 몹시 위태로웠기 때문에 나는 아내에게 '직장이 잘못되면 도시로 다시 가지 않고 여기서 농사를 짓겠다'고 했고, 아내 역시 이제 돌아갈 길이 없다는 걸 알고 있었다. 때문에 여차직하면 우리가 농사를 시작할 수도 있는 상황이었기에 먼저 아내에게 딸기농

사를 배우자고 했다. 아내는 거창군의 특작물인 딸기농사를 준비할 요량
으로 지역 딸기농가에 인턴으로 들어가 6개월 간 일을 배웠다. 처음 인턴
을 하면서, 무더운 하우스에서 종일 일하고 집에 와서는 '힘들다'고 하소연
도 했다. 고생하는 아내가 너무 딱해서 '그렇게 힘들면 그만두라'고 했다가,
'하랬다가 말랬다가 지금 이게 장난으로 보이냐'고 화를 내며 아내가 울었
다. 아내가 딸기농사를 어지간히 배웠을 때는 다행히도 내 직장이 안정되
어 딸기농사를 바로 시작하지는 않았지만, 아내는 언제든 딸기농사를 지
어보고 싶다고 했다. 아내는 항상 그랬다. 겁이 나서 어떤 일이든 쉽게 엄
두를 내지 못했다. 내가 잔뜩 바람을 넣고 설득해서 하게 되면 마지못해
시작하는 타입이다. 그러나 인간관계가 좋고 성실한 아내는 늘 어떤 조직
에서든 환영을 받았다. 그리고 곧 그 조직에 적응을 했다. 적응이 되면 아
내는 깊이 빠진다. 그리고 종국에는 그 일에서 헤어나지 못하는 마니아가
된다. 그게 아내의 스타일이다. 결혼하고 처음에는 그런 아내의 스타일에
대해 잘 몰랐다. 살면서 알게 됐다. 아내는 나보다 더 강했다. 환경에 대한,
인간관계에 대한 적응력과 포용력이 나보다 훨씬 컸다.

　지금도 아내는 딸기농사를 꿈꾼다. 우리 부부는 노후를 딸기 하우스에
서 보낼지도 모른다. 그때 인턴 경험을 통해 아내는 국가가 인정하는 수료
증도 받았다. 그래서 나는 어머니와 아내가 밭작물을 키우는 데 이견이 생
기면, 농담반 진담반으로 '어머니, 그래도 자격자가 그렇다는 데 믿읍시다'
하고 아내 편을 들곤 했다. 그쯤 되면 어머니도 '자격자'라는 말의 권위에

눌리셔서 '마, 알아서 하그래이' 하셨다.

아내는 거창에 내려와서도 여전히 아이들을 가르쳤다. 서울에서처럼 독립된 학원을 경영하는 건 아니었지만 일을 줄이는 대신 농사도 짓고, 대학원에 진학해서 하고 싶은 공부도 하면서 틈틈이 아이들도 가르쳤다. 아내는 나보다 외향적인 사람이었고 어떤 조직에서나 환영할 만한 인성을 지녔다. 그래서 그랬는지 거창에 와서도 좋은 사람들과의 인연을 확대해 갔다. 딸기농사를 짓겠다며 인턴으로 들어간 딸기농장에서 좋은 동기들을 여럿 사귀었다. 아내만 빼고 모두들 계획한 대로 딸기농장주가 된 동기들을 부러워하면서 늘 그들과 연락하고 어울린다. '마음공부'를 같이 하는 스터디 모임에서도 여러 명 죽고 못 사는 아줌마 학우들을 만들었다. 작년과 올해 두 번이나 제주도 여행을 함께했을 만큼 좋은 친구들이다. 그밖에도 학부형 모임, 지역 일꾼들과의 모임, 학원 선생님들, 노래 부르는 사람들과의 모임, 성당 성가대 등 나와는 달리 지역 사람들과 폭넓은 관계를 맺어갔다. 아내보다 훨씬 오랫동안 거창에서 살아온 나로서는 아내의 오지랖과 늘푼수가 한편으로 부럽고 한편으로 그렇지 못한 자신이 부끄러웠다. 유럽 여행을 마치고 돌아왔는데. 아내가 누군가에게 여행 중 우리가 겪었던 사건사고 이야기를 했다. 그 이야기를 듣고 지인이 제안을 했다. 재미있는 여행 이야기를 동네사람들과 함께 나누는 게 어떻겠냐고. 오지랖 넓은 아내가 단번에 그러자고 했다. 그래서 결국 읍내 공동체 카페 '아날'(아줌마 날다)에서 '우리동네 톡투유'라는, 김제동 프로그램을 모방한 프로그램이 만들어졌다. 아내는 내게 우리 식구가 모두 참여해서 여행 이야기를 마을 사람들에게 발표하는 거라며 참가를 종용했다.

비록 스무 명이 채 못 들어가는 자그마한 카페였지만, 마을 사람들이 기꺼이 시간을 내서 우리동네 톡투유가 개최됐다. 마침 서울에서 막내 하연이도 내려와 게스트로 참여할 수 있었다. 나는 그저 자리만 채우는 역할이었지만 우리 가족이 겪은 이야기를 발표한다는 사실이 쑥스럽기도 하고 감사하기도 했다. 한때 노래패 보컬이었던 방앗간집 사장님은 엠프를 설치해서 기타로 노래도 불러주었다. 안치환과 김광석 다음으로 노래를 잘 부르는 방앗간집 사장님이었다. 카페 천장에 반짝이 등도 달았다. 진짜 김제동 프로그램 같이 청중들에게 하나씩 스케치북을 나누어주고 주제와 관련된 단어들을 쓰게도 했다. 지역 군의원인 아줌마도 오고, 아내의 마음공부 친구도 오고, 내 직장 동료도 오고, 사회적 기업을 운영하는 아줌마 아저씨도 오고, 인터넷으로 생활소품을 판매하는 젊은 부부와 그들의 어린 아이들도 왔다. 좁은 카페 자리가 꽉 차고 '우리동네 톡투유'가 라이브로 진행됐다. 아내와 하연이가 우리가 겪은 이야기를 전달하려고 애는 썼지만 공식적인 자리에서의 발표는 수다하고는 좀 달랐다. 그렇게도 수다를 잘 떨었던 아내와 하연이는 다소 긴장했고 경직됐다. 당연히 재미는 반감되었지만 참여한 사람들의 추임새 덕분에 프로그램은 화기애애하게 진행됐다.

작은 마을에서 열린 작은 모임이었다. 그러나 마을 주민들이 자발적으로 하찮은 생활사를 하찮게 생각하지 않고 공유하겠다고 모인 모임이었다. 프로그램을 진행하는 주최 측도 참여하는 이웃들도 아무런 대가 없이 가진 모임이었다. 요즘처럼 모두가 바쁘다고 경쟁적으로 외쳐대는 세상에서 다른 식구들 놀다 온 이야기를 들어보겠다고 일부러 모일 수 있다는 사실이 신기했고 그 여유로움이 참 멋져 보였다. 적어도 내겐 진짜 김제동 프로그램보다 더 품격 있고 값진 프로그램으로 보였다. 이런 멋진 프로그램을 진행할 수 있는 거창군 주민들의 내공과 품격이 '이 동네, 참 멋있는 동네로구나' 하는 생각을 갖게 했다. 어찌 보면 '우리동네 톡투유'가 우리 가족의 단순한 여행 이야기를 감히 책으로 쓰게 만든 계기가 되었는지도 모르겠다. 그날 참석해주신 우리 동네 주민들께, 이 책을 바친다.

작가는 아니지만

　　출판사에서 '저자 소개'라도 쓰라 했다. 그래서 참으로 오랜만에 '나'를 세상에 있는 그대로 소개하고자 생각해보았다. 열여섯에 대전고등학교 문예반에서 '시 창작'을 하며 최초의 학생문예동인지『석란(石蘭)』에 시를 발표했다. 80년대 초에 노동운동을 하고자 했지만 뜻을 이루지 못하고 대학에 진학해서 전공인 국문학보다 정치경제학에 더 관심을 두고 학생운동을 열심히 했다. 6월 항쟁 때 서울 시청 앞 백만 인파 속에 있었고, 광주항쟁 10주기 스트라이크를 주동한 죄(?)와 학원 민주화를 위해 싸운 죄(?)로 두 바퀴 반 대전교도소에서 살았다. 대전교도소 정치수 옥중투쟁위원회 제1기 운영위원장이 내 생에 가장 큰 감투(?)였다. 사면 복권되고 노동자신문사에 입사하여 인천 항만노조를 오가며 신문도 배달하고 취재도 했지만 배가 고파 월간 잡지『인사이더월드』에서 경제부 기자 생활을 했다. 학원 강사와 장돌뱅이 노점상을 거치며 생계를 잇다가, 공기업 홍보실에 입사하여 사보 기자 생활을 했다. 수백명인 회사 직원 중 나만 유일하게 비정규직이었다. 나 때문에 내 뒤로 비정규직이 206명 생겨났다. 그래서 노동

조합 사무국장으로 7년간 일을 했다. 결국 207명 비정규직을 모두 정규직으로 바꾸는데 일조하고, 몇 년간 교육팀장으로 일하다가 사표를 내고 나왔다. 귀촌하여 관련 업계 특성화 대학과 산업단지, R&D 센터로 구성되는 클러스터를 만드는 데 역할을 했고, 지금은 그 대학에서 직원으로 일하고 있다. 2급 고위직으로 시작했지만 지금은 강등되어 6급인 회사원. 오십을 훌쩍 넘은 나이에, 또 직장의 문제를 해결하기 위해 조합원 다섯명이 의기투합하여 노동조합을 다시 꾸렸다. 나는 뭘까? 변혁운동가도 아니고, 노동운동가도 아니며, 글쟁이가 되기엔 함량이 모자라고, 회사원으로 평범하게 사는 게 이렇게 힘든 나는 누굴까. 이 책은 삶의 치열한 현장에서 잠깐 휴가 나와 '나'와 '가족'을 찾아 떠난 모험 이야기이며, 정체성을 정의할 수 없는 이 시대 오십대 아빠가 쓴 가족여행기이다.

글 이경걸 (아빠)

괜찮아, 우리에겐 아직 마지막 카드가 있어

지은이 | 이경걸
그린이 | 이하연

펴낸곳 | 마인드큐브
펴낸이 | 이상용
편집부 | 김인수, 현윤식, 황순국
디자인 | 서경아, 남선미, 서보성

출판등록 | 제2018-000063호
이메일 | mind@mindcube.kr
전화 | 편집 070-4086-2665
　　 | 마케팅 031-945-8046 (팩스 031-945-8047)

초판 1쇄 발행 | 2019년 5월 13일
ISBN | 979-11-88434-10-7 (03920)